人生大逆転のヒントは

お札の中の人に訊け

金運大吉＋川上徹也
Daikichi Kin-un
Tetsuya Kawakami

Discover

パァァァァ

金運大吉劇場へようこそ。
わたしは支配人の金運大吉です。

あなた。
そこのあなた。
お金のこと好きですか？

ほおー、そんなに好きですか。

それだけ好きなら、さぞかし金運に恵まれていることでしょう。

え？　それほどでも？

またまた、ご謙遜を。

いや、本当だって？

お金のことは好きだけど、あんまりお金に好かれてない。

そもそも今みたいな仕事をしてたら、一生お金に縁がない気がする。

なるほど。要は、

「人生を大逆転して、お金をいっぱい手に入れたい」

こういうことですか？

いやあ、正直でいいですね。


では、わたしからあなたにひとつ質問です。

大好きなお金のこと、どれだけご存じですか？

1万円札、5千円札、千円札。

それぞれのお札の裏表のデザインを正確に描けますか？
たとえば1万円札に10000の数字は何個入っているかご存じですか？
え？　ご存じない？
ちょっと財布からお札を出して眺めてみてください。
どうでした？
1万円札にいくつの10000の数字がありました？
4つ？　5つ？　6つ？　いやいやまだまだありますよ。
よーく、よーく見てくださいね。

では、お札に描かれている肖像の3人のこと。
どれだけご存じですか？
名前と代表的な業績くらい、ですか？
それは困りましたね？
お金に好かれたければ、お金のことをもっと知らないと。
わたしなんてねぇ、お金好きが高じて、
毎日毎日寝る前にお札をじっと眺めるのが趣味でして。

3人の伝記も何度も読み返していますし。
おかげで金運には恵まれております。

申し遅れました。わたし、金運大吉劇場の支配人の金運大吉です。
もしあなたが今、金運や仕事運に恵まれていなくても大丈夫。
今からでも人生を大逆転できるヒントが得られるよう、
当劇場が特別な講演会を企画いたしました。

なんと、お札の中の人たち、
野口英世先生、樋口一葉先生、福沢諭吉先生たちに、
特別にご登壇いただけることになったのです。
支配人のわたしが言うのもアレですが、超レアな講演会でございますよ。

2024年に紙幣のデザインが変わる。
キャッシュレス社会も目の前まできている。
3人のお姿を、「お札の中の人」として、いつまで拝見できるかわかりません。

だとしたら、
現在社会を生きる老若男女のみなさまに、
3人それぞれ自身のお言葉で
「人生大逆転の秘訣」や「お金への接し方」を語ってほしい。
そんな当劇場の趣旨に賛同いただいたのです。
おそらく3人が揃うこの奇跡の講演は、最初で最後でしょう。
3人の人生から、人生大逆転のヒントを教えてもらおうじゃありませんか。
そしてお金に好かれる人間になろうじゃありませんか。

3人に共通しているのは、
人生の前半戦ではお金に恵まれなかったこと。
そんな状況を打破し、それぞれのやり方で人生を大逆転して、
のちに紙幣の顔にまで登りつめたということ。

新しく令和の時代を生きるあなたにも、
大きなヒントがあることでしょう。

もし興味がございましたら、ぜひご参加ください。
また、お子さまやお孫さまにプレゼントされるのもよろしいかと。
きっと、何か感じることがあると思います。

さて、わたしは、この講演会をぜひ聞いてもらいたい
3人の若者を見つけましたので、
ちょっと勧誘してみようと思います。
みなさまとは、またのちほど。

令和元年5月1日
金運大吉

人生大逆転のヒントは「お札の中の人」に訊け◉Contents

お金の価値について

幕末から明治にかけての時代と現代とは、金銭の価値がはるかに違います。当時の金額を単純に現在（令和）に対応させるのは、かなり難しい作業です。米相場を基準にするのか、賃金を基準にするのか、物価を基準にするのか。物価も、何を比べるかによって大きく変わります。また当時は、住む場所や職業などによって所得格差が大きく、お金の重みに差が生じていた点も考慮しなければなりません。物価も賃金も現在のように安定しておらず、毎年大きく変動していました。

幕末は、ハイパーインフレが起こっていて、たった数年で1両の価値が何分の1かになりました。江戸時代初期の小判1両は現在の20万円以上の価値がありましたが、幕末には1万円を切るくらいの価値になっていました。明治に入ってからも、前半と後半では貨幣の価値は大きく変わってきます。また、本書のなかにはドルも登場します。日米の生活水準や物価の格差は、現在とは比べ物にならないほど開いていました。単純に為替レートで換算して現在の価値に直しても、実感とは大きくズレてしまいます。

このように明確に現在の価値に換算することは難しいのですが、本書では正確性よりもわかりやすさを優先し、ざっくりとした金銭換算を以下のように設定します。

- 江戸時代（天保〜文久）　1両＝（4万円）
- 江戸時代（元治〜慶応）　1両＝（1万円）
- 明治時代　1円＝（1万円）
- 大正・昭和初期　1円＝（5千円）
- 明治時代 為替レート上のドルの価値　1ドル＝（2万円）
- 大正時代 為替レート上のドルの価値　1ドル＝（1万円）
- 明治・大正時代 アメリカ現地での価値　1ドル＝（5千円）

例：1円（1万円）

→1円が当時のお金、1万円は現在の価値に換算したお金です。

物によってはかなり違うこともありますが、そこまで大きくズレてはいないと考えます。参考にしていただければ幸いです。

はい、金運大吉です。
さて、ここにひとり若者がいます。
ある会社に入ったばかりの新入社員のノグチくん。
ここの職場がかなりブラックなようで。
彼なりにいろいろ考えているようなのですが……
ちょっと彼を金運大吉劇場に誘ってみましょうか。

英世篇

若者

ノグチくん

長時間労働・高離職率のブラック企業に入社してしまった23歳。消耗しない働き方に憧れる。趣味はネットゲーム。

第1幕

野口

教わる先生

野口英世先生

医学者、細菌学者。幼名は清作。24歳で渡米したのち黄熱病や梅毒などの研究で功績をあげ、ノーベル生理学・医学賞に3度ノミネートされた。

身長153cm。1876-1928年。

ガタンゴトン
ガタンゴトン
しんどい
休みたい
今すぐこんな
体勢になりたい
いかん
いかん
みんな頑張って
働いてんだ
パンッ
パンッ
自分も気合い
入れて
いかないと!
ドヨ〜ン
おはようございまーす

プロローグ

僕の働き方改革

初期設定をそろそろ変えるべきだ。僕はそう思う。
この前、職場で会議があった。テーマは「働き方改革」だってさ。
思わず笑いが込み上げてきた。
僕が勤めるのは、令和が始まったというのに「ザ・昭和」な会社。
ほんと「改革」以前のことだらけなのに。
入社するまで気づかなかった僕もバカだけど。

そこで僕は完全週休3日制を
提案したんだ。

みんな、僕の頭がおかしいと言ったよ。
楽をするな。もっと現実可能なことを言えと誰もが口を揃える。
でもさ、新人の僕に今の業務の問題点なんてわかるわけがない。
ただ、入社してわかったのは、社員の誰もが「消耗し疲れている」ということだ。
消耗しているのならば、消耗を減らせばいいのだ。
僕はそう思って提案しただけなんだけど。
きみはどう思う？

そもそも日本の完全週休2日制は1965年に始まったらしい。
それまでは週に1日休みをもらえるだけでも御の字だったとか。
最初は、松下幸之助が唱えて松下電器で導入したそうだ。
しかし他の企業はなかなか追随しなかった。
何しろ、休みが増えるというのに、
松下の社員や労働組合からも大反対の嵐だったとか。
「いままで6日でやっていたことを5日にすることはできない」と。
初期設定が狂ってるよね、当時の日本人は。

そこで幸之助は、こう言って社内を説得した。

「週休2日制とは、休みが2日あることではない」

え？　どういうこと？　と社員は思うよね？

そこで幸之助はたたみかけた。

「1日休養、1日教養だ！」

つまり、2日休みだけど、ダラっと休むのではなく、

「1日は教養を磨く日にして、自らを成長させよ」と言ったんだ。

そう言われると「なるほど」と思う。
反論しにくい。ちゃんと韻も踏んでいるし、
幸之助はなかなかの名コピーライターだったんだな。
しかし、松下電器が始めた完全週休2日制はなかなか普及しなかった。
他の大手企業が導入しはじめたのは、15年後の1980年頃。
官公庁に導入されたのは、さらに12年後の1992年。
まったく働くのが好きだったんだな、日本人は。

日本人は勤勉にあくせく働き、経済大国の仲間入りをした。
そしてバブルが崩壊。
週休2日制は普及していったけれど、
分厚い雲のごとく平成不況が日本を覆った。
多少の浮き沈みはあっても、
結局、平成は最初の数年を除いて、ほぼ不況だった。
令和になっても、今のところ何かが変わる気配はない。
もちろん僕たちは、本当に景気がいい時期を一度も知らない。

だったらせめて消耗しないように働きたい。
では、週休3日制を社長や他の社員に説得するとして、
「休養、教養」のあとに何を持ってきたらいいんだろう。
ふと「培養《ばいよう》」という言葉が浮かんだ。

「休養、教養、培養」

確かに韻は踏んでいるけど、そもそも「培養」ってなんだ？　調べてみた。

微生物や多細胞生物の細胞や組織の一部を人工的な環境下で育てること。

なるほど。

そしてなぜ、「培養」という言葉が頭に浮かんだのか思い出した。


突然だけど、僕の母親の実家は福島県の猪苗代《いなわしろ》にある。

猪苗代といえば、千円札の野口英世の出身地だ。

じっちゃんは地元の英雄・野口英世の熱狂的な信者だった。

幼い頃、猪苗代に行くと何度も野口英世の話を聞かされた。

ちなみに僕の苗字も「ノグチ」だ。

父は東京生まれで、母とも東京で知り合った。

じっちゃんは、娘の結婚相手が「ノグチ」という姓だったことに運命さえ感じたらしい。

母親もひょっとしたら子どもの頃からじっちゃんに洗脳されて、ノグチさんというだけで恋をしてしまったのかもしれない。

そんなわけで、小さい頃、猪苗代に行くと、
じっちゃんに決まって連れていかれたのが野口英世記念館だった。

貧しい農家に生まれ、左手が不自由にもかかわらず、
医者になりアメリカに留学し、

「実験マシーン」「日本人は眠らない」と言われるほどの努力を重ね、世界的に有名な細菌学者になり、3度もノーベル賞候補にもなった。母親孝行で日本に凱旋して帰ってきたときは、猪苗代はそれは大騒ぎだったとか。

そして黄熱病の研究のため、アフリカで命を落とす。

じっちゃんから、野口英世の歌まで聞かされた。

昔の小学生は学校で歌ったんだって。


「野口英世」（昭和17年　文部省初等科音楽二唱歌）

1　磐梯山の動かない／姿にも似たその心／苦しいことがおこっても／
つらぬきとげた強い人

2　やさしく母をいたはつて／昔の師をばうやまつて／医学の道をふみきはめ／世界にその名をあげた人

3　波ぢも遠いアフリカに／日本のほまれかがやかし／人の命すくはうと／じぶんは命すてた人

じっちゃんにしたら、
根性がなく、すぐにあきらめてしまう孫に
何とか「努力」「勤勉」「根性」を植えつけたかったんだろうけど。

しかし、残念ながら子どもはそう都合よく、
素直に育たないものなんだよね。
むしろたいがいにおいて、正反対に育つ。
そう。僕は「努力」とか「根性」とか「勤勉」とかいう言葉が大嫌いになった。
その結果、とりたてて目標もなく、
適当に勉強して、適当な大学に入って、
適当に就職活動して、適当な会社に入った。

そして今も適当に働いている。
まあ、自然な流れだよね。

じっちゃんには申し訳ないけど、野口センセイのことも興味がなかった。
だけど、野口英世の最大の功績が
「梅毒スピロヘーターの純粋培養」ってことは
記憶に残ってしまったんだよね、これが。
そう。だから「培養」が頭に浮かんできたのだろう。

「休養、教養、培養」「休養、教養、培養」……
なんとなくそうつぶやきながら、スマホで野口英世の経歴を眺めていた。
ふうん。とてつもない借金魔で浪費家だったのか。
高給取りになっても、金がないなんて。どんな使い方してるんだよ？
じっちゃんからはそんなこと聞いてないぞ。

じっちゃん……

じっちゃんは何年も前に亡くなっているけど、
今の僕を見たらどう思うだろうか。ちょっと想像してみる。
なぜか急に野口英世記念館に行ってみたくなった。
不思議だよね。幼少期は嫌々連れていかれていたのにさ。

次の休日。僕は福島に向かった。
そう。野口英世記念館にやってきた。とても久しぶりだ。
今の僕を見て、じっちゃんはなんて言うだろう?
きっと展示を見ながらこう言うんだ。

「野口英世博士を見習え。
博士の家は貧乏で障害もあったのに、
人生を大逆転したんだ。お前にもきっとできる」

そんなこと言われても……
僕は、どこか近くにいそうなじっちゃんに向かって、心の中で叫んだ。

「じっちゃん。無理なもんは無理だよ」


そのとき、なぜだか急にとんでもない睡魔に襲われた。

立っていられないくらい強烈なヤツだ。

僕はとにかく座れる場所を探した。

そこで記憶がプツリと途絶えた。


「ノグチくん、大丈夫ですか？」

目を開けると大福みたいな顔をした中年男がいた。

「ノグチくん、もう時間ですよ」

大福はなぜか僕の名前を呼んだ。

誰だ？　なんだかわからないけど、お金の匂いがする男だ。

「さあさあ早く起きてください。始まっちゃいますよ」

「あの、あなたは？」

「まあええから、ええから。こっちに来てください」

大福は僕の話を無視して、ある扉の前まで連れていった。

「さあ、ここからあなたの人生が大きく変わるんですよ。準備はいいですか？」
いったい何が始まるというのだろう？
僕は大福に誘導されるがまま、扉を開けて中に入った。
するとそこは巨大なコンサートホールのような場所だった。
え？　野口英世記念館にホールなんかあったっけ？
しかもぎっしり満員。
猪苗代全員の人口よりもはるかに多そうな人、人、人だった。

その瞬間、開演を知らせるベルが鳴った。
観客たちは一斉に立ち上がり大歓声をあげた。
すごい熱気だ。
みんな手に持っているのは千円札。
ひいきのサッカーチームを応援するときにタオルをかざすように、
みんな千円札をステージに向けてかざしている。
野口英世の顔、顔、顔。
いったいこれはなんなんだ？　変な宗教？

するとステージの大きなスクリーンに文字が浮かび上がる。

「人生大逆転講演会第1幕　講師　野口英世先生」

そしてステージに小男が当場してきた。

それは、さっき展示パネルで見た野口英世そのものだった。

何？　そっくりさんの演出？　と思ったら、場内のボルテージはもう最高潮。

みんな千円札を手に涙を流さんばかりに熱狂している。

これはいったいなんなんだ？

壇上の男は手で観客たちに座るように指示した。

観客たちはすぐに静まって座り始める。

僕も案内された席に座った。

すると、男はゆっくりと話し始めた。

支え合っている→人
ドキドキ
ドキドキ
ドキドキ

人生大逆転講演会

第1幕

大逆転のためには、とにかく人に食らいつけ！

講師 野口英世先生

みなさん、こんにちは。野口英世です。

僕は今、とっても感激しています。

生前、医学や研究についての講演は、世界各地のいろいろな場所でやりました。

しかし、こうやって昭和・平成と長い年月を経て、令和という新しい時代の幕開けに、お金をテーマにした講演会に呼んでいただくとは、夢にも思いませんでした。


特に自分の肖像が千円札に使われていると聞いて、本当にびっくりしました。千円といえば、１９１５年に僕が帝国学士院の恩賜賞をいただいたときの賞金と同じですよ！　ちょうどその年、39歳だった僕は15年振りに日本に帰国し、各地で大歓迎を受け国民的英雄として連日祭り上げられ、新聞記事に自分の名前が載らない日はないくらいでした。こうやって日本に来るのはそれ以来、１０４年振りです。

当時、僕はニューヨークにあるロックフェラー医学研究所のエース研究員で、世界的な発見を立て続けに発表していました。その前々年にはヨーロッパ各地で講演し、熱狂的な歓迎を受けました。ウィーンの新聞では「人類の救世主」という扱いで大々的に報じられ、ノーベル賞最有力候補とまで言われたほど。それで、それまで僕をあまり評価していなかった日本の医学界も慌てて恩賜賞をくれたのです。

当時の千円は、田舎なら家だって買えるくらいの金額でした。

そんな大金の紙幣に僕の肖像が使われているなんて、本当にいいんでしょうか？


ここに来る前に、子ども向けの野口英世偉人伝を何冊か読ませていただきました。とても僕のことを書いたとは思えず、まるで同姓同名の他人を見ているようです。

こんなヤツはいねぇだろうと。当たり前ですが、僕は偉人伝に書かれているような聖人君子じゃありません。特にお金についてはいろいろな失敗をしてきた。失敗どころじゃないくらい恥ずかしい事件も多々あった。

でも逆に言うと、そんな僕だからこそ語る資格があるのかもしれません。僕の人生大逆転劇は、お金と切っても切り離せない関係があるからです。

今日は、聴衆に若い方も大勢いらっしゃるようなので、お金と人間野口英世の生き方とをからめ、人生を大逆転する秘密を、魂を込めてお話ししたいと思います。

自分は「株」であると認識せよ

まず最初に言っておきたいことがあります。あなたたちひとりひとりが「株」だということを認識してほしいということです。

そう。株式市場で売買されているあの「株」です。

みんなから価値があると思って買ってもらえれば株価は高くなり、価値がないと思われ売られたら株価は安くなる。

自分という株の価値を高めるには、自分自身を磨く努力をすることも重要です。しかしそれと同等、いやそれ以上に、自分に投資してもらうように周囲にアピールする努力も必要なんだな。この株が将来もっと高くなるとまわりに認めさせて、支援してもらうための努力です。

貧しい家庭に生まれた僕にとって、まわりから投資してもらうことは非常に重要でした。僕の一生は、とにかく自分という株を高く買ってもらうことがすべてでした。

そして僕の人生大逆転劇には、お金がどうしても必要だった。


今日の講演は、まず前半に僕の人生を振り返りながら、どうやって一発逆転のチャンスを狙ってきたかをお話しします。そして後半は、そこから学んだ人生大逆転の極意を語りたいと思います。

❶ 立志篇

僕という「株」を最初に買ってくれた大恩人

僕は1876年（明治9年）、福島県三城潟という土地の貧しい百姓の子として生まれました。つけられた名前は野口清作。なぜ英世に改名したかはのちのち話しましょう。

わが家はとても貧しくて、その日の食べ物にも事欠くような家庭です。学校に通うのさえ大変でした。貧しい家庭の子はたいてい、勉強よりも家庭の手伝いを優先させられます。百姓の子どもは家を継いで百姓になるのが当たり前だった。生まれによってほぼ一生が決まってしまう時代でした。

しかも1歳半の頃、左手に大火傷を負います。母親が裏の畑に味噌汁の具の野菜をちょっと取りにいったすきに、ハイハイで囲炉裏に落ちてしまったのです。指がくっつくほどの重傷で、物が握れなくなるほど。そうして僕は、農作業も力仕事もできない体になってしまいました。

それもあって母は、将来学業で身を立てることができるようにと、朝も夜も懸命に働き、僕に勉強をさせてくれました。父親？　うーん、あの人は家にいないのも同然でね。酒と博打が好きでほとんど働かず、顔を見ることもめったになかったな。

将来なんの希望もないような農家を継ぐのはイヤでイヤでたまらなかったから、とにかく家を出たいと思って、一心不乱に勉強しました。偉くなって、僕の家や火傷の手のことを馬鹿にした人たちを見返してやりたいと強く思っていました。そう。僕は左手が原因で随分イジメられたのです。「手ん棒、手ん棒」というひどい言葉でね。

最初に僕という「株」を買ってくれたのは、小林栄先生です。小林先生は僕にとって生涯の師であり、父親同然の存在になる、生涯の大恩人です。

その頃、僕は12歳で、尋常小学校の温習科に通っていました。当時、学制が変わったばかりで、尋常小学校は普通科が4年、温習科が1年ありました。その上に高等小学校があります。小林先生は猪苗代高等小学校で主席訓導（教頭）をされていて、僕が通っていた尋常小学校温習科の卒業試験の試験官として来ていたのです。

小林先生は、僕の優秀さ、そして同時に家が困窮しているということを一瞬で見抜きました。先生は僕の能力を評価して進学を勧めてくれました。

「何か困ったことがあれば力になろう」とまで言ってくれたんです。

それを伝えると、母は先生のお宅に行って頭を下げました。そして家の事情を話して、僕が高等小学校に行くための援助をお願いしたんです。

母は「野口清作という株」を小林先生に買ってもらうために、僕がどれだけ優秀かを必死で説明しました。そう考えると、まわりにアピールするということを最初に僕に教えてくれたのは母親だったのかもしれませんね。

結局、小林先生が金銭的に援助してくれることになり、僕は猪苗代高等小学校に通えるようになったのです。すごいことだと思いませんか?

初めての借金の相手は?

僕は三城潟の実家から高等小学校のある猪苗代町まで、往復3里(12キロ)の道のりを一日も休まず通いました。もちろん徒歩ですよ。

勉強は楽しかったなあ。でも教科書代が高かった。すべてを揃えることはできなかったので、授業では同級生に見せてもらっていた。

でもやっぱり自分の教科書が欲しいじゃないですか。

そこで考えたのが、同級生に野口清作という「株」を買ってもらうこと。平たく言いかえると「借金」するということです。ちょうどおあつらえむきの人物がいました。猪苗代では有名な富豪の息子、八子弥寿平《やごやすへい》くんです。

僕は八子くんに、漢文の教科書4巻セット代の3円(3万円)を貸してほしいと頼みました。いくら富豪の息子でも、そんな大金は持っていません。でも人がいいから頼まれるとイヤと言えないのか、「わかった」と言ってくれました。

だからといってやはり両親にお金をくれとは頼めなかったみたいで。思い詰めた八子くんは家の金庫から盗もうとしたらしい。で、それをお父さんに見つかって、僕に貸すためだって白状しちゃって……

普通の親ならダメと言いそうだけど、さすが八子くんの父親だけあるね。八子くんから僕がどれだけ勉強できるかってことを力説されて、お父さんは僕という「株」に投資しようと思ってくれた。つまり3円貸すことを認めてくれたのです。

八子くんの家に呼ばれて、お父さんからお金を貸してくれると言われた僕は、その場で借用書を書くことになりました。まあお金を借りるんだから当たり前ですがね。僕がその場で筆をとり、さらさらと漢文で借用書を書いたら、八子くんのお父さんに感心されました。こういうところのさりげないアピールも大切なんですよね。普段、ちゃんと勉強している努力が役立ちました。

そういや、ここ野口英世記念館の館長は、なんと八子くんのお孫さんなんだそうで。ほんと何代にもわたってお世話になってるってことですよね。うれしいねぇ。

話が長くなりましたが、これが僕自身の記念すべき最初の借金の顛末。このあと、何回するか覚えてませんが、やっぱり一番最初は感慨深いものがあります。

作文で手術代のカンパが集まる

八子くんに借金したのと同じ高等小学校の頃、もうひとつ別の形で、「野口清作」という「株」をアピールすることに成功した、生涯忘れられない事件がありました。ある日、作文の授業があったんです。自由課題で何を書いてもいい。

そのとき、僕は勝負に出ました。

そう、僕はずっとため込んでいた自分の「劣等感」を正直に書いたんです。体が不自由である苦しみや葛藤を、赤裸々に。ずっと左手を懐に入れて隠していたこと。それを見つけられてひどい言葉でいじめられたこと。鉛筆ひとつ満足に削れないこと。弁当箱を開けるのも大変なこと。小刀で指を切り離そうとしたこと。

するとそれを先生がみんなの前で読んでくれたんです。結果として、僕自身の最大の「弱み」を全員の前でさらけだすことになった。まるで犬が無防備にお腹を見せるように。

すると、すごいことが起こりました。ここにいるみんなに見せてあげたいくらい。

先生が作文を読み終わると、教室の空気がガラッと変わったんです。僕自身だって、そんなことが起こるとは想像もつかなかった。

なんと、みんなが僕のために動いてくれたんです。手術を受けさせようとカンパが始まり、友人、先生、父母たちへと、その輪はどんどんどんどん広がっていった。

そのとき、もちろん感激したんだけど、一方で、冷静な僕もいました。冷静な僕は「言葉」が持つすごい力におののいていたのです。

だって、「野口清作」という少年自体も、その左手の状態は何も変わらないんですよ？ 僕のことを悪く言う人間もたくさんいた。なのに、自分の弱みを見せた作文を僕が書いて先生が読み上げただけで、まわりの空気が一変してしまったのです。

これはすごいことでもあるし、おそろしいことでもある、と思いました。

手術に成功し、医学を志す

作文で集まったお金は10円（10万円）。そのお金で手術を受けられることになりました。手術は会津若松の会陽医院の渡部鼎《かなえ》医師にお願いすることにしました。渡部先生は東京医学校（東京大学医学部の前身）を卒業し、陸軍病院を経てアメリカでも医学を学びサンフランシスコで開業した経験がある高名な外科医でした。

手術はかなり難しいものでしたが、渡部先生の技術は素晴らしく手術は成功しました。もちろん完全に元どおりにはなりませんでしたが、物がつかめるようになったんです！　どんなにうれしかったことか。

そして左手の手術をきっかけに、医学への興味が芽生えました。

加えて偉くなりたいという野望がふつふつと沸き上がってきました。でも進学するお金なんてあるはずもない。そうあきらめかけていた僕に手を差し伸べてくれたのも、またもや小林先生だったのです。

熱弁をふるい外科医の書生に

当時は、医者になるルートは2つありました。ひとつは東京帝国大学医科大学（現：東京大学医学部）や医学専門学校を卒業するというもの。もうひとつは、独学で医学を修め、国家試験である医術開業試験に合格するというもの。たとえば、病院で修業を積み独学で勉強して試験に合格することも可能は可能でした。もちろん正規の教育が受けられないので、かなりの狭き門で、簡単なことではありませんでしたが。

小林先生は「会陽医院の渡部先生のもとで働きながら勉強をする」という方法を提案してくれたのです。

そんな方法があったなんて！　僕は一目散に会津若松の渡部先生のもとへ向かって熱弁をふるいました。先生のような立派な医師になりたいって。

するとなんと先生は了承してくださったんです。

「なせばなる」ですよ。

新しい人生が開けた瞬間でした。ここから僕の医者への道が始まったのです。１８９３年（明治26年）のこと。僕は17歳になっていました。

会陽医院での仕事は下足番からはじまり、小間使いなどの雑用、事務などです。そのかたわら、渡部先生のもとで書生として勉学に励みました。医学書を読み、渡部先生や先輩の書生に英語やドイツ語を学び、フランス人牧師にフランス語を習いました。医師会の研究会や講演会には必ず出席をしました。生理学や細菌学の最新情報を知るためです。勉強というものは、与えられてするものではありません。自分から積極的に取りにいくものなのです。

睡眠はどんなに疲れていても3時間と決めていました。だって「ナポレオンは3時間しか寝なかった」と言うじゃないですか。ナポレオンだって同じ人間。彼ができるなら僕にもできるはずだと思ってね。

最大の投資者である「運命の人」と出会う

会陽医院での修業時代、僕の未来に大きな影響を与える「運命の人」との出会いがありました。その人は東京の歯科医であった血脇守之助《ちわきもりのすけ》先生。日本の近代歯科医療制度を確立された方で、のちに東京歯科大学の創立者のひとりとなられます。

血脇先生は一風変わった経歴の歯科医師でした。慶應義塾で経済学を修め、東京新報社で政府の機関紙の記者や英語教師を経て、歯科医師になったのです。血脇先生は長期出張診療のため会津に来ていましたが、渡部先生と知り合いで会陽医院によく遊びにこられていました。考えてみたら僕より6歳年上なだけなんだけど、その経歴からか随分と大人に思えました。

ある夜、血脇先生は、遅くまで勉強をしていた僕に声をかけてくれました。初めて親しくお話ができた機会でした。もちろん、この機会を僕は逃がしませんでした。自分の生い立ちや独学で医師を志していることを話してアピールしました。

すると僕に興味をもってくれたのか、名刺をくれたうえに、「もし東京へ来るようなら立ち寄りなさい」とまで言ってくれたんです。そして僕はこの一言に食らいつきます。それが人生大逆転への大きな扉を開いてくれたんです。

このひと言を言ってしまったことで、血脇先生は生涯、僕から離れられなくなったんだけど、それはまたのちの話。

餞別で大金を得て上京

1896年（明治29年）9月、19歳になった僕は、医術開業試験のために上京することになりました。ありがたいことに地元の方々から餞別をいただきました。しめて40円（40万円）。けっこうな大金でした。

「志を得ざれば再び此地を踏まず」

これは上京前夜、三城潟の実家の床柱に小刀で刻んだ言葉です。なんとしても医者になってやる。なれなかったら死ぬしかない。苦しいまでの熱い決意を胸に刻みつけました。我ながらさすが「偉人」らしい立派な心構えだと思います。

今でも僕の生家跡にこの柱がそのまま残っているとのことで、びっくりしますね。

上京するとすぐに安い下宿を借りました。

10月の医術開業前期試験は一発で合格しました。

その後、血脇先生を頼って、高山歯科医学院の寄宿舎に居候させてもらいました。

居候となった僕は、学院の小間使いをしながら、後期試験の勉強に励みました。近所のドイツ人女性にドイツ語を習い、済生学舎という私塾入学を経て、十分な試験対策&猛勉強をしました。

そして1897年（明治30年）、野口清作は、晴れて医師開業免許を取ることができたのです！

貧農の家に生まれ、左手のハンデキャップを持ちながら、ここまで来た。それだけでも、当時としては考えられないくらいの偉業です。

これが僕の人生大逆転劇場の第一歩です。

みなさん、ここは拍手するところですよ。

（観客、熱狂的に拍手）

はい。ありがとう。

❷ 雌伏篇

順天堂医院から北里伝染病研究所へ

さて、念願の国家試験に合格した僕は研究者の道を選ぶことにしました。開業資金もいらないし、研究であれば、この左手でも大きなハンデはないという目論見です。

血脇先生のおかげで、順天堂医院にもぐり込むことができました。

「順天堂医事研究会雑誌」の編集助手としてです。

それは院内用に月2回発行される雑誌で、外国の文献から最新の学説や研究論文を抜き出し、記事にして載せるのが仕事です。僕の語学力が武器になりました。

外国語が得意だったから楽しかった。英語、ドイツ語、フランス語と3カ国語を使いこなし、世界の様々な医学書や雑誌、論文などを翻訳して抜き書きしました。とにかく膨大な量の文献を記事にした。抜き書きは毎号、多いときは20編近く、少なくとも10編は訳していたと思います。

病棟の出入りも自由で、珍しい病気の患者についても文献などで調べ、論文にして報告しました。このような論文も毎月2編は書いていたかな。

翻訳していると世界の最先端の研究も自然に知れるし、実際の患者のことも見ることができ、とても勉強になりました。

さらに順天堂医院からステップアップして、北里柴三郎《きたざとしばさぶろう》先生率いる伝染病研究所に移ることになったんです。これも血脇先生が奔走してくれたおかげです。

北里先生は結核菌の発見者であるローベルト・コッホの下で学び、破傷風菌の純粋培養法の確立や血清療法の発見など数多くの業績を残すなど、世界で活躍していたあこがれの研究者です。

そう、この北里先生こそ、私の後に千円札の肖像になるお方です。そもそも、弟子である私のほうが先に肖像になっていたことがおかしかったのですが。

ともかく当時の医学界には、ドイツ語はできても、英語ができる人間はほとんどいなかったから、僕は編集や通訳、翻訳、図書室管理を任されました。

借金に借金を重ねた暗黒時代

こうやって話すと、研究者として恵まれたスタートが切れたと思うかもしれません。確かに勉強にはなったし、仕事は人の何倍もやった。でもね、そうしていくなかで、自分の中に黒い鬱屈した気持ちがどんどん溜まっていきました。

要は、医者の世界のことがわかってしまったのです。

そう、日本の医学界は、個人の能力で出世が決まるわけではない。決め手は何か？学歴や家柄です。どこの学校出身という学閥が幅をきかせていた。簡単に言うと、帝大出身者でないと馬鹿にされるということ。現場から医術開業試験に合格した人間なんて傍流も傍流でした。

それに留学の経験の有無が圧倒的にモノを言う。留学先は、医学界では断然ドイツ。当時は、医学といえばドイツと言われるくらいでしたから。

順天堂でも伝染病研究所でも、まともな研究者としての扱いは受けていなかった。ただ語学ができるから、便利屋として使われているだけ。

僕の気持ちはどんどんすさんでいきました。で、とうとう悪い癖が出始めた。飲みに行って芸者をあげてドンチャン騒ぎをするようになったんです。

そんな給料なのにお金はどうするんだって？　自分の給料で払えるわけはないから、当然、借金しかない。わずかな給料はあっという間になくなり、借金を繰り返し、遊びに使っていました。

実は今まであえて話しませんでしたが、医術開業試験に合格するまでも、故郷の小林先生と、東京の血脇先生からかなり援助してもらっていました。それは二人が僕という「株」を評価してくれていたからなんですが、それが段々当たり前のことのように麻痺してきたんです。

そしてここから雪だるま式に僕は借金を重ねることになる。

この時代、僕は本当にたくさんの人に金を借りまくって、高利貸しからも借りて、何度も踏み倒した。ただただ、反省しかありません。

きみたちは絶対にこんなことしちゃダメだよ。

伝染病研究所に移って給料は12円（12万円）に跳ね上がったけれど、既に多額の借金をしていたので焼け石に水だった。

この後の人生でも、僕はまだまだ人からもらったり借りたりしたお金で、何度も何度も散財を繰り返すことになる。

きみたちは、僕のことをヒドイ奴だと思うかもしれない。実際にヒドイ奴に違いない。僕自身も自己嫌悪に陥ったことは一度や二度じゃない。

でもね。今から分析すると、それなりの理由もあったんだ。これについてはまた、後半で語ろうと思う。

野口英世に改名する

この頃、あまりに自己嫌悪に陥って、「野口英世」に改名したくらいです。はは。

そのきっかけは一冊の本でした。

坪内逍遥《つぼうちしょうよう》氏の『当世書生気質』という小説です。

この本を読んで僕は大きなショックを受けました。小説の中には野々口精作という田舎出身の医学生が出てきます。精作は秀才だったにもかかわらず、東京で女遊びにはまって人生がどんどん破滅していく。そして最終的には自分で自分の命を……

僕と名前も境遇もそっくり!!　怖っ!!　心底恐怖を覚えました。

ひょっとして坪内氏は、僕の行状をどこかで見てこれを書いた?　まさかね。

調べると、この本が書かれたのは僕がまだ小学校に通っていた10歳の頃です。モデルにしたなどありえません。ただの偶然の一致です。でもあまりに不吉です。まるで、借金を重ね放蕩生活を送る僕の行末を暗示しているかのような内容でしたからね。

小林先生に相談したら、「改名したらどうだ」と「英世」を提案してくれました。

その考えに僕は飛びつきます。正当な理由なき改名ってそう簡単にできるものじゃないんですけど、小林先生がいろいろと奔走してくれて、煩雑な手続きを経て、僕は「野口英世」となることができたのです。

そんな立派な名前になったからには、もう浪費癖や自堕落な生活からはおさらばしようと深く心に誓った……はずだったのですが。

❸ 転機篇

チャンスの女神の前髪をつかむ

話を進めましょうか。北里研究所にいても、そもそも日本では出世は希望が薄いと感じた僕は、世界へ出ることで人生大逆転を目指したいと思うようになった。行先はアメリカ。なぜドイツじゃなくてアメリカか。当時の日本の医学界はドイツ至上主義だったという話をしましたが、これからはアメリカが伸びるという読みもあった。またみんなドイツに行っているから、違う道を選びたいという気持ちもありました。

でもアメリカに留学するための具体的手段がない。資金もツテも。

そんなある日のことです。チャンスが舞い込んできました。アメリカのジョンズ・ホプキンス大学から権威あるひとりの教授が研究所の視察にやってくることになったんです。のちに僕の上司となるサイモン・フレクスナー博士です。研究所の所員である志賀潔さんの赤痢菌の研究を視察するのが目的でした。

しかし、上層部には通訳・案内する人間がいない。そこで、所内一、語学力が高い僕が日本での通訳・案内役を仰せつかったのです。

チャンスだ！

フレクスナー博士に取り入って、アメリカへ留学するツテをつくろうとしたのです。

東京案内の傍ら、僕はフレクスナー博士に猛アピールをしました。

そんな僕をフレクスナー博士も気に入ってくれました。「ぜひアメリカに来て研究しなさい。頑張るように。応援するよ」と励ましてくれ、今度新しく勤めることになるペンシルバニア大学の住所を教えてくれました。

やりました！　これでアメリカ留学のツテを得ることができたのです。

もっとも、博士の言葉は社交辞令だったということをあとで知ることになります。でもそのときの僕は本気にしました。いや正確に言うと、社交辞令かもということは薄々気づいていましたが、気づかないフリをして本気にしたのです。

左遷のち日本代表医師団へ

フレクスナー博士とご縁ができた！

これでお金さえ用意できれば留学ができると思うと、僕の人生にぱあっと光が差したような気がしたものです。

ところがそんなある日。僕は大失態をやらかしてしまう。図書館係として管理している医学書を何冊か紛失したんです。実はこっそり友人に貸していたんだけど、その友人が売っぱらってしまったという……。研究所内では金に困った僕が売ったとか疑われてね。

結局、僕は入所して1年も経たない間に、研究所から出て行くことに。自業自得ですが自分の運命を恨みましたね。野口英世株は、大暴落もいいところでした。

でも、この大ピンチと思われた事態が最大のチャンスになるから、人生というのはわからないものです。

1899年（明治32年）、北里先生の勧めで北里研究所から横浜海港検疫所に勤めることになりました。横浜海港検疫所では、さまざまな感染症の侵入を防ぐために旅客船や貨物船の旅客・乗員の検診や検査などを行います。僕はそこで横浜港に入港する外国船の検疫医官補として働くことになりました。完全な左遷です。

しかし、そこで奇跡のような出来事が起こります。

ある日、僕はいつものように検疫のため外国船に乗り込みました。その船員の中に、高熱と震えに苦しみ意識がもうろうとしているひとりの外国人がいました。診察するとペストらしき症状が。

もしやと思い、僕はすぐさま患者を隔離病院に移し、綿密な検査をしました。

これはやはりペストかもしれない。

上司に報告し、最終的に北里研究所から北里先生が来て、ペストと断定しました。検疫所初のペスト発見です。しかも日本入国を未然に防いで隔離したのです。

これは名誉挽回につながるかも！！！

僕の勘は的中しました。

ペスト騒動の後、北里先生からすぐに来るようにと電報がきました。僕は急いで先生のもとに駆けつけると「清国へ行かないか？」と言われました。

その頃、清国（今の中国）の牛荘でペストが蔓延し、そこで立ち上げられた国際衛生局から日本人医師の派遣を求められていたのです。その医師団のメンバーに僕を推薦したいとのことでした。

「行きます」即答です。未知ではあるが突破口が開けたと思った。アメリカではないけれど、初めて海外遠征のチャンスをつかんだ瞬間でした。

月給は破格の200円（200万円）！

清国遠征に伴う月給はなんと破格の200円（200万円）です。話を聞いたときめまいがしました（笑）。これで渡米費がつくれると思った。しかも、東京から神戸までの交通費と支度金が96円（96万円）も支給されました。

金がある!!

僕は突然金持ちになりました。この金で医師として箔がつくような衣類を新調しようと思った。しかし、不測の事態が起こったのです。なんと、出発する前にすっからかんになってしまった！　というのも、借金取りがやってきて返済を迫られたのです。金を手にした瞬間に消えてしまった。

どうしてこんなときに。ま、それだけ借金をつくっていた僕の自業自得なんですが。交通費さえもなくなってしまった。どうしよう…。友人知人を頼ってみたものの、もう誰も貸してくれなかった。僕は金に関して信用がまるでなくなっていました。泣きつく先は血脇先生しかいなかった。事情を話すと、先生は黙ってお金を差し出してくれました。

「この御恩は一生忘れません」

5円（5万円）をいただき、古着屋で洋服などを揃え、懐寂しく神戸から清国へ出発したのでした。

超高級取りなのになぜか貯金ゼロ

清国での体験はとても有意義で充実していました。日本では不十分だった臨床経験を積むことができたうえ、中国語もだいたいマスターできたしね。

僕は医師団の中でダントツに中国語を話せる医師として重宝がられるとともに、外国人医師とも積極的に話して英会話に磨きをかけ、語学の自信がさらにつきました。日本人医師団の任期期限は6カ月間でしたが、衛生局より僕だけ留任を求められ延長しました。

これなら渡米費500円（500万円）ほどを貯めることはたやすいことでしょう。そう、計算上はね。しかし、ここでも僕はきみたちの期待を裏切らない（笑）。お金は入れば入るだけ使ってしまうのが野口英世だ。

夜な夜な遊びに繰り出していたのさ。

結局、せっかくの留学資金をつくるチャンスを僕は自分で棒にふってしまったのです。清国でも日本でも、貯金をすることは一度もできませんでした。

❹ 留学準備篇

降って湧いた縁談で

さて、1900年（明治33年）7月に清国から帰国してからというもの、僕の心の中は「今すぐ渡米したい！」それだけでした。

そんなとき、思いもよらない話が舞い込んできたのです。

血脇先生が、なかなか留学できない僕を慰めるために、箱根の温泉に連れていってくれたときのこと。

そこで知り合った資産家の斉藤夫人が僕のことをとても気に入って、血脇先生を通して養女である姪御さんとの縁談をもちかけてきたのです。斉藤夫人は、僕が温泉宿でも夜遅くまで勉強している姿を見て、彼なら将来大きなことを成し遂げるだろうと思ってくれたようです。

ここでも僕の「株」を買ってくれる人がいたわけです。

しかし、その頃の最優先事項はアメリカ留学。それに、今まで話しませんでしたが、僕にはずっと好きな人がいました。いわゆる初恋の人です。僕が19歳のとき、会津若松で見初めた6歳年下の医者の娘で、山内ヨネ子さんという人でした。全然振り向いてもらえなかったけど、あきらめられなかった。

まあ、ともかく、僕には結婚する気はなかった。正直言うと、相手の女性のことも気に入ってなかった。で、断る理由として、斉藤夫人にアメリカ留学のことを持ち出したんだよ。するとなんと、留学資金300円（300万円）を援助してもいいと言うんだ。婚約して、日本に帰ってきたらすぐに結婚することを条件に。

……完全にお金に目がくらみました。

婚約さえすれば、夢にまで見たアメリカに行ける。

とにかく婚約しよう。あとのことはあとで考えよう。

そう思ってしまったのです。

血脇先生に相談すると、やめておいたほうがいいと言う。婚約したらそんなに待たせるわけにはいかないから、留学してもすぐに戻ってこなければならない。そんな目先の欲のために結婚を約束してもいいのか？　と。

正論だ。まさに正論。正論だけど、このチャンスを逃して、いつチャンスが訪れる？

もう待ちきれなかった。

決めた。決めた。婚約することに決めた。

こうして帰国したときに結婚することを条件に、斉藤家から300円（300万円）の資金援助を受けることが決まり、念願のアメリカ留学が決まった。

でもこの婚約が、アメリカに行ってからの僕を苦しめることになる。

故郷で餞別の嵐

渡米費の工面がついた。さあこれであとは出発するだけだ。

故郷の福島に戻ると、皆争うように餞別をくれた。野口英世株を買わなきゃ損とばかりにね。小林先生の奥さんは、老後のために養蚕の内職で貯めた200円（200万円）を餞別にくださった。当時、教師1年分の給料以上の大金です。

小林先生のご家庭は決して裕福なわけではありません。それを僕のために。

これには流石の僕も涙が止まりませんでした。しかも、小林先生は「実家に何かあったら僕が面倒を見るから、君は世界に羽ばたきなさい」って言ってくれたのです。

貧乏な実家のことはずっと気になっていたから、これは本当にうれしかった。

「これからは先生を父上、奥様を母上と呼ぶことをお許しください」

と言うのがやっとでした。

その後、福島から東京へ戻った僕は、留学のための準備に外務省やアメリカ大使館に出向いていろいろと情報を入手し、苦手だった北里先生にもきちんとご挨拶に伺いました。先生は、僕を激励し、ペンシルバニア大学のフレクスナー博士あてに紹介状を書いてくださいました。

そして斉藤家から約束どおり300円（300万円）が届きました。

せっかくの留学資金を、なんと一晩で

さて、こうやって僕のアメリカ留学の段取りは着々と進んでいきました。

しかしまさにアメリカに旅立つ数日前に、僕は人生で最大の失敗をしてしまいます。

アメリカへ出発する日を指折り数えていたある日のことです。船の切符を購入しようと横浜へ出かけました。さて、その前に横浜海港検疫所の仲間にも会いたい。別れの挨拶をしようと検疫所に立ち寄りました。

ここは僕の転機となった場所だから思い入れも強かった。今まで迷惑をかけ、世話にもなった仲間にご馳走をしたくなったのです。本人主催の送別会のようなものです。少しくらい使っても大丈夫だろう。切符はあとで買えばいいさ。

しかし、大金をもって気が大きくなっていた僕は、またやらかしてしまいます。

「よし！　今日は俺が奢ってやる！　横浜一の高級店に行くぞぉー」

「おい野口くん、そんなこと言って金はあるのかい？」

「ふふふ。安心しろ。今日は持っているんだ。一番高い酒を飲むぞ」

選んだ場所は横浜一の超高級妓楼「神風楼」。羽目を外してドンチャン騒ぎさ。

芸者に金をばらまいて、手をたたき、歌を唄い、えいや、えいやと踊り狂った。

「もっともっともっと酒をもってこい！」

気がつくとあっという間に一夜が過ぎていました。

やってしまった……。請求書を見て、僕は青ざめました。

後悔先に立たず。覆水盆に返らず。正確にはいくら使ったか覚えていませんが、したくもない婚約までして資金を得て、小林先生の奥さんの老後の貯金も餞別にいただいて手にした渡米費のほとんどがなくなるくらいの金額だったのです。残ったのはわずか30円。

僕は本物の大馬鹿者です。

しかし、今更、留学をやめましたなどと言えない。言えるわけがない。

そんなことをしたら、僕は完全な詐欺師になってしまいますから。

こんなときに頼れる相手はただひとり。僕は血脇先生に泣きつくことしかできませんでした。さすがの血脇先生もこのときほど頭を抱えたことはなかったと思います。あきれて物が言えなかったでしょう。本当は僕のことなどもう見放したかったかもしれません。しかしそうもできなかった。何しろ、婚約の仲立ちをしたのは血脇先生です。このことがバレたら、相手の家も黙っていないでしょう。

知人に借りるとなると理由を説明する必要がある。しかし事情を正直に話したら、野口英世という株の信用は地の底まで落ちてしまう。今まで自分が買い支えてきた「株」が無価値になるのは避けたい。進退窮まった血脇先生は、何と高利貸しから300円(300万円)を借りてきてくれたのです。この大馬鹿者の野口英世を何度も助けてくださった血脇先生には本当に感謝してもしきれません。

それでも僕のことを信用できなくなった血脇先生は、自分でアメリカ行きの船の切符を買って、出発当日まで預かってくれました。残りのお金も、当日、甲板で手渡されたくらいです。当然ですよね。

血脇先生は、最後の忠告とばかりに僕の手を強く握って言いました。

「いいか今度こそ、君が本物の天才であったか、ただの大馬鹿者であったかの真価が問われるときだ。アメリカではどんなことにも耐えて頑張りたまえ。今度、日本に戻るときは今までの汚名をきちんとぬぐえるものになってから戻ってこい。今日の僕の気持ちは、ライオンがわが子を谷底に落とすのと同じ気持ちだということを忘れるな」

「はい、誓ってご教訓どおりにしてみせます」

1900年（明治33年）12月5日。僕は血脇先生に固く誓い、横浜港を出発したのでした。このとき、24歳。運命の船が静かに動き出しました。

❺渡米篇

憧れのアメリカ上陸

当時、アメリカへの船便は、横浜からまずハワイのホノルルに向かいます。ホノルルまで12日、そこからサンフランシスコまで6日。計18日にわたる長旅でした。

しかし、船酔いなんて全然しませんでした。最初の数日は嵐でとても揺れましたが、英文でシェークスピアを読んでいました。カラダは頑丈にできていたんです。

3週間近い渡航の末、僕を乗せた船はサンフランシスコに到着しました。初めてのアメリカでしたが、それほど感慨はありませんでした。建物や風景などにもあまり興

渡米篇以降のお金の換算

当時の為替レートはおおよそ、1ドル=2円でした。つまり今までの表記で換算すると1ドル=2万円（現在のおおよその価値）になってしまいます。しかしながら、そのレートを使って現在の貨幣価値に換算すると、日米の物価格差が非常に激しかったので、当時のアメリカ現地での価値とは大きくかけ離れてしまいます。

そこで渡米篇以降では、日本からアメリカに送られてくるお金に関しては為替レートで換算した現在の貨幣価値、すなわち1ドル=2万円として、またアメリカ現地で支給されるお金については現在の感覚とできるだけ近いように1ドル=5千円として、それぞれ表記します。ざっくりとした計算ですが、おおよその価値が反映されていると考えます。

例

- 血脇先生に50ドル（100万円）送金してもらった。

  →（　　）内は血脇先生が送ったお金の価値を現在の日本円に換算したもの。

- 給料はたった8ドル（4万円）だった。

  →（　　）内は、当時のアメリカでの価値を現在の日本円に換算したもの。

味がない。とにかく早く研究がしたい。一刻も早く唯一の頼りであるフレクスナー博士の元に行かなければという思いのほうが強かったのです。

フレクスナー博士がいるはずのペンシルバニア大学医学部は東海岸の街、フィラデルフィアにあり、サンフランシスコからはアメリカ大陸を横断していく必要があります。汽車に乗り約4日半の行程を経て、やっとフィラデルフィア駅に到着しました。

得意技が通じず大ピンチ

フィラデルフィア駅に着くと、奮発して馬車に乗り、ペンシルバニア大学医学部に向かいました。既に12月29日になっていました。

大学にはあまり人はいませんでした。考えてみたら当たり前です。この時期、アメリカの大学は、クリスマス休暇でほとんどの人が故郷に帰っているのです。

ここでも僕はラッキーでした。フレクスナー教授はたまたまオフィスに出てきていたんです。もし、教授が休暇をとっていたらと思うとゾッとします。

教授は僕を見ても、最初は誰か思い出せなかったようです。東京の伝染病研究所で通訳をしたドクター・ノグチと名乗ると、やっと思い出してくれました。

「先生の言葉どおり、こうして研究をしにアメリカに来ました。助手として雇ってください」と言うと、心底驚いたようでした。薄々感づいてはいましたが、やはり東京で僕にかけた言葉は完全なる社交辞令だったのです。

確かにフレクスナー教授には何度か手紙を書いたり、翻訳した論文などを送りましたが、一向に返事がこなかったので、不安はありました。でも熱意を込めて話をして頼み込めばなんとかなると目論んでいました。まさか、日本から遠路はるばる自分を頼って来た人間を追い返したりはしないだろうと。

しかし、アメリカでは僕の熱意はすぐには通じませんでした。

「君を助手に雇うのは無理だ」と、にべもなく断られたのです。

正式に教授がアメリカに来いと要請したわけでもなく、北里先生からは簡単な紹介状をもらっていたとはいえ、研究所とペンシルバニア大学医学部との間で正式な事前手続きがあったわけでもない。まさに裸一貫で突撃訪問したわけですから、そりゃ常識的に考えたら無理です。

教授にとっても、ここペンシルバニア大学医学部は移ってきたばかりの場所。しかも今はクリスマス休暇中で事務局も休み。勝手なことはできないタイミングでもありました。また外国人は雇わない規定もあったようです。

そのときの僕の所持金は23ドル（11万5千円）。物価の高いアメリカでホテル暮らしなんてしていたらあっという間に吹き飛ぶお金です。

ヤバイ！　アメリカには、今まで頼ってきた血脇先生も小林先生もいません。手紙を書いても、戻ってくるのは1カ月以上先。

しかも僕が日本で得意だと思っていた英語は、現地では半分も通じないのです。僕がいくら喋っても、何度も聞き返される。ショックでした。言葉が通じないのでは食らいつきようがない。これでは確かに、大学が雇ってくれるわけはありません。

男、野口英世、アメリカで本当にひとりぼっちで崖っぷちです。

粘り抜いて山を動かす

フレクスナー教授に泣きついて、安い下宿だけは探してもらいました。狭くて薄暗い屋根裏部屋でした。

万策尽きた。僕は狭いベッドに横になり、天井を見つめて自問自答しました。

このままではのたれ死ぬか強制送還されるしかない。それでいいのか？　お前は何のためにアメリカまで来たんだ！　無理だと知りつつあきらめないのが野口英世だろ？　死ぬ気でもう一度頼んでみたらどうだ？　死ぬ気で食らいつけよ。でないと、人生大逆転なんてできないぞ。

僕は翌日もその翌日も、フレクスナー教授のもとに通い頭を下げました。

お金はいらないから働かせてくれと。

教授も、最初は拒否したものの、僕のことが少し気の毒になってきたようです。彼のお父さんはチェコからのユダヤ移民で、何のツテもなくアメリカに渡ってきて、行商しながら苦労して教授を育てたそうです。そんなお父さんと似た境遇の僕に同情したのでしょう。

大晦日の午後、僕を部屋に呼んでこう言ったのです。

「うちの研究室で蛇毒の研究をしているのですが、きみは蛇毒に対する知識や興味はありますか?」

正直、まったく知識も興味もなかったけれど、正直にそう言ったらすべてが終わる。伝染病研究所時代の先輩がハブの研究をしていたことを思い出し、そのことを話し「少しですが扱ったことはあります。実はもっと勉強したいと思っていました」とハッタリをかましました。

するとなんと教授は、僕を蛇毒研究の助手として雇ってくれるというのです。

やった!

まさに「一念岩をも通す」です。いや、ここはアメリカだから英語で言いましょう。Faith can remove mountains.（信念は山をも動かす）

ただし、大学の助手ではなく、あくまで教授の私設助手。給与も教授のポケットマネーから出すということで、月8ドル（4万円）という条件。安い下宿に住んでもまともに暮らせる金額ではありませんでしたが、それでも僕は声をあげたくなるくらい喜びました。

命懸けの蛇毒の研究

僕は早速、血脇先生に手紙を送りました。フレクスナー教授に雇ってもらえたこと。そしてもちろん、生活費がないからお金を送ってほしいことも書き添えて。

雇ってさえもらえれば、あとは与えられた仕事の期待に応えるのみです。いや、期待値を超えてみせる。石にかじりついてでも、絶対にここで生き残ってみせよう。僕はそう誓いました。

しかし命じられた仕事は、想像以上に過酷な仕事でした。

毒蛇から毒を抽出するのです。

当時、アメリカではガラガラ蛇にかまれて死ぬ人が大勢いました。フレクスナー教授は、蛇の毒素がどのように人間に作用するかのメカニズムも研究していたのです。

それを解明し、抗原体をつくることができれば、多くの人の命を救うことになりますが、しかし危険な仕事でもあったので、慢性的に人が足りなかったのです。それが僕を雇ってくれた理由でした。

研究室の飼育室には檻に入れられた数十種類の毒蛇が飼育されていました。中にはかまれると1時間で死んでしまうような猛毒をもつ毒蛇もいます。それを一匹一匹つかんで檻から取り出し、頭を押さえ唾液腺に溜まっている毒を吐き出させるのです。

普通の人間でも危険なのに、僕の左手は不自由です。実際に僕は何度もかまれそうになって、生きた心地がしませんでした。そもそも僕は蛇毒なんて扱ったことがない。でもフレクスナー教授に言った手前やるしかなかった。

まさに命懸けの仕事でしたが、でも今の僕には、これしかありません。ここから這い上がるしかない。逃げたくても逃げる道はなかったのです。

渾身のレポートで一気に昇給

そんな境遇でも、ただ言われた仕事をこなしていただけではありません。蛇毒に関してほとんど知識がなかったので医学部の図書館に通い詰め、英語、フランス語、ドイツ語の蛇毒に関する膨大な本や論文を調べあげました。日本で培った論文の読解能力が役立ったのです。

単なる飼育係で終わるつもりはありません。

ここが僕の人生にとって「天下分け目の天王山」だというのは自分でもわかっていました。ここでフレクスナー教授に認めてもらえるかどうかで、自分の人生を大逆転できるかどうかが決まる。そんな気持ちで勉強に打ち込みました。

お金がないので、食べる物はパンと水だけという毎日でした。研究室にも何度も泊り込み、目の前のことに一心不乱に取り組みました。

そして、フレクスナー教授が出張に出ている間に、蛇毒に関する膨大な本や論文を250枚のレポートにまとめあげました。もちろん英語で。そして帰ってきたタイミングを見計らってそれを提出したのです。

さすがに教授も驚いたようでした。優秀なアメリカ人の研究者でも、これだけの期間でこれだけのレポートをまとめあげるのは難しい。教授は僕の優秀さに気づいて、大学にかけあってくれた。期待値を超えたからです。

おかげで、私設助手から研究助手になれた。月給も25ドル（12万5千円）に上がった。これで何とか生活ができる。それよりも、フレクスナー教授に認められたことが何よりもうれしかった。
僕はアメリカでの初戦に勝利したのです。

最高の学会デビューで新進気鋭の研究者へ

研究助手といっても大学の正式な役職ではなく、身分は不安定なパートタイムです。でも渡米から3カ月が過ぎ、ようやくアメリカでの研究生活がスタートしました。

フレクスナー教授から、神経病学の大家で蛇毒研究の第一人者であるサイラス・ミッチェル博士を紹介してもらったのもこの頃です。博士はもう72歳になられて一線からは退かれていましたが、ペンシルバニア大学医学部の教授として長年務めあげ、国立科学アカデミーの会員でもあり、名士です。

そんな博士の目に、新しく蛇毒を研究したいという日本人の若者は興味深く写ったのでしょう。いろいろな方を紹介していただいたり、研究費も随分と取ってきていただいたりと、僕に目をかけ、引き上げてくださいました。まさに大恩人です。

その年の11月。国立科学アカデミーの総会で、蛇毒研究の成果をミッチェル博士と連名で発表することになりました。国立科学アカデミーというのは、政府の諮問機関でものすごく権威のある団体でした。当時、全米でトップクラスの学者100名しか会員になれず、会員になることはノーベル賞につぐ栄誉だと言われていたくらいです。

当日、会場にはアメリカ自然科学界の名だたる重鎮たちが顔を揃えていました。

もっとも発表はミッチェル博士が行い、僕は実験の手続きを説明するだけでした。

それでも博士が最後に僕のことをこんなふうに紹介してくれました。

「わたしの30年にも及ぶ研究は、この日本人青年学者の功績により、今最後の解決をあたえられたのです」


このかなり大げさな紹介もあり、ヒデヨ・ノグチの名前は一気に有名になりました。博士の実験助手を務めたのが日本人だというニュースは、地元の新聞にも大きく掲載されたくらいです。日本でもアメリカでも何の研究実績もなかった若造の研究者デビューとしては、これ以上望みようのない舞台でした。

この発表により、国立科学アカデミーとカーネギー科学研究会から僕に対して2000ドル（1000万円）の奨学金があたえられました。ミッチェル博士の推薦のおかげです。

これは研究費なので生活費にはあてられませんが、研究者として一人前に認められたという証拠です。アメリカに来て、まだ1年も経っていないというのにですよ！日本にいたら10年どんなに頑張っても、こんな扱いは受けなかったでしょう。

翌1902年（明治35年）には、同じ内容の研究を学術誌に発表しました。今度はフレクスナー教授との連名でした。正式な研究論文としてはこれが処女作です。

❻ 昇龍篇

フレクスナー教授、野口株を爆買い！

こうして学会＆論文デビューした僕は、研究者として最高のスタートを切りました。月給も30ドル（15万円）に上がった。

しかし僕の心はいつも不安と焦りの中にありました。何の身分の保証もない。フレクスナー教授やミッチェル博士の信頼を失ったら一巻の終わり。研究の切れ目が縁の切れ目になることもある。

やはりペンシルバニア大学に最初に来て冷たく断られた日のことが、まだ忘れられないくらいのダメージになっていました。僕は急いでもっと成果を出したかった。

同じ年の6月には更なる研究のために、マサチューセッツ州ウッズホールにある海洋生物学研究所に出張を命じられました。目的は蛇毒と魚類との関係を調べること。みんな長い夏休みをとる時期で、研究所にもバカンス気分で来ている研究者も大勢いましたが、ここでも僕は、寸暇を惜しんで研究に勤しみました。

9月、出張から戻ってくると、うれしいニュースが舞い込んできました。そう。ついに正式にペンシルバニア大学病理学助手に採用されたのです。身分も保証され、月給も50ドル（25万円）に上がりました。これでようやくまともに暮らすことができます。

フレクスナー教授は、9カ月のつきあいで、ヒデヨ・ノグチという「株」は買いだと思ってくれたのです。のちに聞いたところによると、教授はノグチには3つの優れたところがあると言ってくれていたそうです。

①純粋でムダのない精神
②人間の仕事とは思えない優れた技術
③比べる者のいない勤勉さ

まあ、自分で言うとちょっと恥ずかしいし、この講演を聞いて僕の日本時代のことをよく知っているみなさんには「フレクスナー教授、人を見る目がないんじゃない？」

と思うかもしれません。

でも僕にとってフレクスナー教授は、絶対に信頼を失ってはいけない人物でしたから、細心の注意を払っておつきあいしていた。一度、教授が僕の困窮を見かねて「個人的に援助しようか？」と言ってくれたときにも断ったくらいです。上司とはいえ、一度借りたらまた借りてしまうかもしれない。そんなことをしていたら、またいつか僕は愛想を尽かされ、研究室を放り出されてしまうかもしれない。

日本で何度も痛い目にあって人の信用を失ってきたから、同じ轍を踏みたくなかった。みなさんも、覚えておいたほうがいい。


他の誰の信用を失っても、この人の信用だけは失っちゃダメだという人の信用は絶対に失わないことだ。

まあ、僕が言ってもあんまり説得力ないかな。

でも、フレクスナー教授との師弟関係は一生崩れることはなかったよ。

またも大恩人！　星一との出会い

その代わりと言っちゃなんだけど、アメリカで知り合った日本人からは相変わらず借金や援助をしてもらったりした。日本人会にも顔を出すようになった。やはり孤独な状況のなか、日本語で日本人と話をするのは一番の気休めになった。

いろいろな日本人の中でも、飛び抜けて運命を感じたのは、星一《ほしはじめ》くんとの出逢いです。

星くんは、のちに「製薬王」と称される人物で、東洋一の製薬会社と呼ばれる「星製薬」の創業者として有名になります。みなさんにとっては、作家でショートショートの神様と呼ばれる星新一のお父さんと言ったほうが通りがいいかもしれない。星くんの息子が有名な作家になったとは驚きだね。

星くんとは何かと共通点も多く、すぐに意気投合しました。

まず出身が同じ福島県。僕は猪苗代、彼はいわき。僕は幼い頃左手を火傷、星くんも幼い頃右目を負傷失明し義眼だった。年齢的にも同世代で互いに苦学生だった。星くんは僕よりも6年も前に自費で単独渡米していた。住み込みで働いて金を貯め、ニューヨークのコロンビア大学に入学し経済学などを勉強したそう。いろいろと話を聞くと、アイデア豊富な根っからの経営者気質で商売の才能があるのがわかった。彼は『日米週報』という新聞を発行・経営していて、借金王の僕とは天と地の差があった。

数年後、星くんは日本に帰国して星製薬を立ち上げるのだけど、フィラデルフィアでの3年間はとても仲良くさせてもらいました。そしてのちに、僕が世界的に有名になってから晩年にかけて、金銭面で大きな援助をしてくれた大恩人です。

ていうか、大恩人が何人いるんだよって、思ったでしょう？　そこのきみ。

それが僕の人徳なんだよなあ。

懸案の婚約問題に苦しむ

さて何のツテもないアメリカに渡ってまだ2年も経たないうちに、僕、野口英世は研究者として将来を期待される存在になっていました。当時26歳。

この頃、フレクスナー教授から「来年あたり、きみをヨーロッパに留学させようと思う」という内示もありました。アメリカからヨーロッパに外国人が留学するなんて前例はありません。それだけ期待されていたわけですが、他にも理由がありました。

実はちょうどその頃、ロックフェラー財団が資金を出し、ニューヨークに最新の医学研究所が設立されることになり、フレクスナー教授が初代所長に決まっていたのです。教授は、今のペンシルバニア大学のスタッフの中で、僕だけを新しい研究所に連れていくことを決めていて、研究者としての「箔」をつけさせようとしてくれたのです。日本ではもちろんですが、アメリカにおいても、当時は医学最先進国であるドイツをはじめとするヨーロッパ留学は、大きな「箔」になりました。

翌1903年（明治36年）には、カーネギー研究所から蛇毒研究の出版費として5000ドル（2500万円）が支給され、地位もペンシルバニア大学病理学上席助手に上がりました。

この頃になると、僕はこのままアメリカで研究生活を続けたいという思いが強くなっていました。正直言うと、当初アメリカ留学は2~3年のつもりでした。留学で箔をつけて、日本でいいポジションを得て仕事をしたいというくらいの気持ちでした。しかし、アメリカで評価され、研究のおもしろさがわかった今となっては、日本に戻る気などなくなってしまいました。

そうなると問題になってくるのがアレです。そう、婚約者の存在です。

先方は僕の帰りを首を長くして待っています。「いつ留学を終え日本に帰ってくるのか」と催促の手紙が頻繁に届きます。これほど、心が重くなるものはありません。婚約を破談にするにも返す金もない。僕は断定を避けてズルズルと引き延ばしてしまいました。板挟みとなった血脇先生にも迷惑をかけてしまっていました。

デンマーク留学と日露戦争

その年の10月、僕はヨーロッパに旅立ちました。デンマークのコペンハーゲンにある国立血清研究所に留学するためです。留学資金の1500ドル（750万円）は、フレクスナー博士とミッチェル博士が集めてくださいました。

なぜドイツではなく、デンマークだったのかって？

確かに当時、医学といえばドイツ。しかも免疫理論の第一人者といえば、ドイツ・フランクフルトにあるアン・マイン研究所のポール・エールリッヒ博士でした。

それに対して、デンマーク国立血清研究所の所長ソルワル・マドセン博士は、まだ30代前半という若さながら、スウェーデンの大物物理学者アーレニウスと組んで、毒素と抗毒素に物理化学を応用した論文を書いたことでとても注目されていました。

フレクスナー教授は、これからの免疫学では、この物理化学的手法をもちいた研究が主流になっていくという読みから、僕にそれをマスターさせようとしたのです。

アメリカから持ってきた毒蛇の毒を用いて、いろいろな研究をしました。マドセン博士とは研究を共にし、いくつもの論文を書きました。博士からは「仕事は正確に定量的に」ということを学びました。

そして日露戦争の真っ最中である1904年（明治37年）9月22日、僕は1年のデンマーク留学を終えアメリカに戻りました。10月からロックフェラー医学研究所で働くためです。僕は27歳になっていました。

ロックフェラー医学研究所で出世街道大爆進！

アメリカに戻った僕は、ニューヨークのロックフェラー医学研究所で働くことが決まっていました。所長は僕の師であるフレクスナー教授です。

僕の地位は、アシスタント（首席助手）でしたが、それでもすごいことでした。

ロックフェラー医学研究所で最高の地位はメンバー（正員）と呼ばれ、フレクスナー所長以下4名。引退するまでの終身保証があります。その次がアソシエート・メンバー（准正員）で5年契約、以下アソシエート、アシスタントと続き1年ごとに契約します。

アシスタントであった僕の年俸は1800ドル（900万円）という待遇でした。まだ27歳。所員の中では最年少で唯一の独身者です。異例の大抜擢でした。月給に直しても150ドル（75万円）。3年と10カ月前にアメリカに来たときには月8ドル（4万円）の給与から始まったことを考えると、約20倍に増えています。

しかし、これはまだ序の口です。以降、僕は業績とともにどんどんと出世し、待遇もうなぎ登りで上がっていくことになります。

僕は結局このあと死ぬまでの24年間、ずっとこのロックフェラー研究所で働くことになりました。

婚約破棄の顛末とアメリカ人女性との結婚

そういや、あの話の結末を話していませんでしたね。そう、あの婚約問題です。

ニューヨークで働きだした翌年、懸案だったこの問題もやっと片づきました。

4年以上待たされてしびれをきらした斉藤家が血脇先生に直談判を申し込んできたのです。血脇先生は独断で、先方に婚約破棄を提案してくれました。

「せっかく学者として世界で認められてきているのに、今日本に戻すわけにはいかない」と。

結局、血脇先生が斉藤家に「僕に援助した留学資金」300円（300万円）を立て替えて返却することで話がつきました。斉藤家としては僕を訴えたいくらいだったでしょうけど、アメリカにいるのでどうにもできず矛を収めるしかなかったのです。

みなさんは「また血脇先生！」と呆れているかもしれないね。

血脇先生は、のちに自分の息子にこのような言葉を残したと聞いています。

「女に惚れるのはかまわない。しかし男にだけは惚れるな」と。

僕に惚れたばかりに、一生にわたり野口英世の株を買い続けてくれた血脇先生には、本当に感謝の言葉しかありません。


そしてその6年後の1911年（明治44年）4月10日、なんと僕は結婚します。相手はアイルランド系のアメリカ人女性。名はメリー・ダージス。

当時、僕は34歳。メリーも同い年でした。

彼女とはコペンハーゲンから帰ってきたときに出逢い、そのまま数年会わなかったんだけど、たまたま街角で再会したのがキッカケでつきあうようになってね。

でも結婚したことは、日本の母にも小林先生にも血脇先生にもしばらく黙っていた。そしてロックフェラー研究所のフレクスナー博士をはじめとする同僚たちにも数年間内緒にしていた。知っているのは、ニューヨークにいる日本人の友人たちだけだった。

もちろんのちにみんなに知らせることになり、研究所では同僚たちがささやかなパーティを開催してくれました。彼女が僕と公の席に出たのは、そのときだけでした。彼女自身もあまり表に出たがらない女性だった。そんなこともあって、彼女の悪口を言う人間も多かったけど、僕にとってはかけがえのないパートナーでした。

❼ 医聖篇

ヨーロッパの講演旅行でスター研究者に

さて、話は少しとんで、1913年（大正2年）のヨーロッパ講演旅行の話をしましょう。

この年、僕は「進行性麻痺・脊髄ろう患者の脳内より梅毒スピロヘータの検出」という大発見をしました。簡単に言うと、性病である梅毒と、神経疾患の進行性麻痺の因果関係を証明したということです。それまで何人もの研究者が挑戦しましたが、誰も発見できていなかったのです。その頃、梅毒という病気は死に至る不治の病と恐られていて、今でいうがんのように、原因の解明が待ち望まれていました。

この大発見により、僕はアメリカ医学界のスターにのしあがりました。おかげで、ロックフェラー研究所の知名度も格段に向上したのです。

それまでヨーロッパに遅れをとってきたアメリカ医学界にとっても、これは歓迎すべき大ニュースでした。しかもそれが、日本人によってなされたこともニュースバリューがあったので、大きく報道されたのです。

8月、ドイツの自然科学・医学者会議から、特別講演依頼の招聘状が届きました。世界で最も権威のある学会からの招聘で、ロックフェラー研究所としても大変な名誉。アメリカ在住の研究者としても初の快挙で、研究所も興奮につつまれました。もちろん旅費と出張手当の500ドル（250万円）は研究所が用意してくれました。

実際に会場のウィーンに行ってみるとびっくりするような歓迎でした。現地の新聞にも大きく「人類の救世主」扱いで紹介されるし、現地の日本大使も迎えにきてくれました。何しろ世界中の一線級の科学者4000人が一堂に集まるというすごい会で、僕の講演は押すな押すなの大盛況。みんな、ノグチの顔を一目見ようと集まってきたのです。

なかでも驚いたのは、講演のあと、フリードリヒ・フォン・ミュラー博士が会いたいと言ってきたことです。ミュラー博士といえば、ミュンヘン大学総長であり、ドイツだけでなく世界医学界の大御所中の大御所です。閣下という愛称で、世界の医学界の人事は彼のひと言で決まるとさえ言われていました。特にドイツ医学を信奉していた当時の日本医学界においては神様のような存在として知られていたのです。

そんな大物がわざわざミュンヘンからウィーンまで僕に会うために来てくれるなんて信じられませんでした。それを聞いたとき、僕は控室で服を脱いでいてほとんど裸だったんですが、そのまま踊ってしまうくらい有頂天になりました。博士からは、ミュンヘン大学での講演を頼まれました。こんな大物に頼まれたのですから、受けないわけにはいきません。その後も各地の大学の教授から、うちでも講演してくれと雨あられのようなオファーがありました。とてもじゃないけど全部受けるわけにはいきません。

それでも結局、1カ月半のこのヨーロッパ講演旅行で、僕は10都市を訪れ11カ所で講演をおこない、38回もの晩餐会に主賓として招待されました。かつて留学したデンマークでは国王に招かれ勲章もいただきました。

9年前の欧州留学のときとは大違い。ノグチの名声はヨーロッパ中をかけめぐったのです。

15年振りの帰国を決意

翌1914年（大正3年）7月、第一次世界大戦が勃発しました。前年にヨーロッパで講演ができた僕は本当にラッキーでした。1年ずれていたらとても無理でしたし、僕の名声もここまで広がらなかったかもしれません。

戦争で、ヨーロッパの研究所はどこも機能停止の状態になりました。アメリカも参戦はしていましたが、戦場からは遠く離れています。その結果、ロックフェラー研究所は名実ともに世界の医学界の中心となっていきます。そしてその研究所最大のスターが僕、野口英世だったわけです。

その年、僕は念願の研究所メンバー（正員）にもなりました。38歳でした。もちろん白人以外は僕だけ。他の6人のメンバーと比べても親と子どもくらい若かった。異例の大出世でした。年俸は5000ドル（2500万円）になりました。しかも、生涯の身分保証がついて、研究費も実質使い放題。僕自身もこれまでいつクビになるかわからないという恐怖から解放されて、精神も随分と安定しました。

そしてこの頃になって、ようやく日本でも野口英世のことが注目されるようになってきていたのです。それまで一部ではその活躍は知られていても、まだまだアメリカや世界的な名声に比べると日本医学界での評価は低かった。

翌1915年（大正4年）、思いもよらない朗報が日本から舞い込んできました。なんと、僕に帝国学士院恩賜賞が授与されたのです。日本で学者に与えられる賞としてはもっとも権威がある最高の栄誉です。

ノーベル賞受賞確実という噂が流れていたので、慌てて評価したというのが実情です。また、それまでドイツ一辺倒だった日本の医学界でしたが、世界大戦もあり、アメリカに目を向けるようになったことも要因でしょう。留学生をアメリカに派遣するときに、ノグチを利用しようという魂胆です。

遅い！　遅すぎる！　遅いにも程がある。

正直そう思ったし、今さら周回遅れで日本の医学界から評価されてもうれしくはない。だから僕は授賞式にも帰らなかった。血脇先生に代理出席してもらいました。

しかし、日本からは小林先生や母から帰国を待ち望む手紙が何通も届きます。特に母からの手紙にはまいったね。こんな手紙です。

【母シカの手紙】原文はほぼひらがなのみ。（　）内は読みやすいように漢字等になおしたもの。

おまイの。しせ（出世）にわ。みな（皆）たまけ（驚き）ました。わたくしもよろこんでをりまする。なかた（中田）のかんのんさま（観音様）に。さまにねん（毎年）。よこもり（夜籠り）を。いたしました。

べん京（勉強）なぼでも（いくらしても）。きりか（が）ない。
いぼし（烏帽子＝近くの地名）。ほわ（方は）こまり（困って）をりますか。お
まいが。き（来）たならば。もしわけ（申訳）かてき（ができ）ましよ。はる
（春）になるト。みな（皆）ほかいド（北海道）に。いて（行って）しまいます。
わたしも。こころぼそくありまする。ドか（どうか）はやく。きてくだされ。
かねを。もろた。こトたれ（だれ）にもきかせません。
それをきかせるト　みなのれ（飲まれ）て。しまいます。
はやくきてくだされ。はやくきてくだされ
はやくきてくだされ。はやくきてくだされ。
いしよ（一生）のたのみて。ありまする。
にしさ（西を）むいてわ。おかみ（拝み）
ひかしさ（東を）むいてわおかみ。しております。
きたさ（北を）むいてわおかみおります。
みなみた（南を）むいてわおかんておりまする。
ついたちにわしをたち（塩断ち）をしております。
ゐ少さま（榮昌様＝近くの僧侶）に。ついたちにわおかんてもろて（拝んでもらっ

て）おりまする。

なにおわすれても。これわすれません。

さしんおみるト（写真を見ると）。いただいておりまする。

はやくきてくたされ。いつくるトおせて（教えて）くたされ。

これのへんち（返事）ちまちて（待って）をりまする。

ねてもねむられません。


流石に親不孝を続けてきた僕にも、この手紙は応えました。母はろくに字が書けなかったので、僕に手紙を書くために字を習っていたんです。

また、高山歯科医学院時代の後輩が母の写真を撮って送ってくれた。写真に写る老いた母の姿が一層日本へ僕の心を誘った。15年も経っていたからねぇ。

おっかあに会いたい！　日本に帰ろう！　ようやく僕も決心しました。

しかし、悲しい事実に突き当たったのです。

そう、おなじみの「お金がない」。

びっくりする程の高給をもらっているにもかかわらず、やっぱり貯金できない体質は変わっていなかったです。

とはいえ、ここまで偉くなっているから小林先生や血脇先生にはさすがに頼めない。どうしよう。そんなとき、真っ先に思い浮かんだのが、星一くんです。フィラデルフィア時代に仲良くなって、それ以来ずっと交流は続いていました。

星くんは1905年（明治38年）に日本に戻ると湿布薬「イヒチオール」の事業化に成功。商品は売れて売れて莫大な利益を産み出しました。その後、周囲の人々に推され福島県から衆議院議員選挙に立候補し当選。1911年（明治44年）には星製薬という製薬会社を立ち上げるまでになりました。東京・五反田に当時としては画期的な近代的製薬工場を建設。ホシ胃腸薬のヒットや日本で初めてキニーネの製造をするなど瞬く間に大発展し東洋一の製薬会社と言われるほどになっていたのです。

当時、僕は星製薬の「顧問」になっていました。代理店募集の広告などでも僕の名前が「米国名誉医学博士　医学博士　ロックフェラー医学研究所次長野口英世」などとして使われていました。まあ広告塔のようなものです。

僕は彼に電報を打ちました。

「ハハニアイタシ、カネオクレ」と。

我ながら名文ですね。まさに「簡にして要を得る」とはこのことです。

そして星くんは、ただちになんと5000円（2500万円）もの大金を送ってくれました。さすが、東洋一の製薬王と言われるだけのことはあります。

これだけあれば、日本までの旅費はもちろん数カ月滞在しても大丈夫でしょう。うれしかったなあ。

これで帰国できる。おっかあに会える。小林先生や血脇先生にも会える。

送られたお金でモーニングやタキシードなども新調し、みやげものや切符を買い準備をしました。

懐かしの日本に凱旋

僕を乗せた横浜丸は1915年（大正4年）9月5日午後4時横浜港に着きました。24歳のときにこの横浜を発って15年。僕も39歳になっていました。

血脇先生や小林先生が桟橋まで迎えにきてくれていました。新聞記者たちも大勢駆けつけていて、我先に僕の写真を撮ろうとします。15年前、すべてのお金を一晩で使い果たし、血脇先生が高利貸しで借りてきたお金でなんとか旅立った日とは大違いです。これを人生大逆転と呼ばずに何と呼ぶかという感じです。

翌日の各新聞の朝刊には、僕の帰国のニュースが写真入り一面トップで飾られていました。僕の経歴が美化され、大いに盛られて掲載されていました。そこからは、もう自分でもよくわからなくなるくらいのスケジュールが組み込まれていた。

その日は、大隈重信総理大臣以下、文部大臣、東京市長、医学界の重鎮や長老などと面会が目白押し。スケジュールはすべて血脇先生が管理してくれていました。

いよいよ福島で母との再会

帰国して4日目の8日。とうとう故郷の福島へ向かいました。母は、東京にも横浜にも来ず、故郷である三城潟で僕の帰りを待っていたのです。

正直言うと、故郷に帰るのはかなり怖かったのも事実です。

磐梯山や猪苗代湖の風景はいくつになっても覚えています。しかし同時にそれは忌まわしい思い出でもありました。なにしろ、僕は小さい頃ずっといじめられていたし、馬鹿にされていたからね。しかも、八子くんはじめ故郷の人たちには何度も何度も支援してもらっています。合計したら、きっとおそろしい金額になるでしょう。こんなに出世したんだから全部返せなんてみんなから言われたらどうしよう。

そんな不安が僕を少し憂鬱にしていました。

しかしそんな心配はまったくの杞憂でした。

村を挙げてど派手に花火を打ち上げたり、万歳三唱。皆「野口、よく帰ってきたな」と歓迎の言葉の嵐でした。

そして母との対面。絵にかいたような偉人の帰郷でした。

ここが僕の伝記では感動のピークですね。

照れくさいのでこの講演では省略します。

そこから10日間、地元福島で次から次へと歓迎会が待っていましたが、誰も僕の悪口を言わなかったし、お金を返せとも言いませんでした。ほっとしました。

孝行プレイで孝行息子の評価が定着

結局、僕は日本に2カ月近く滞在しました。毎日、講演につぐ講演。東京帝大・京都帝大・慶應義塾大学などでも講演しましたし、昔なじみのたっての願いで新潟に足を延ばして、新潟医学専門学校でも講演しました。

途中、母と小林先生夫妻を東京に呼び寄せました。母は初めての東京です。なぜ父親を呼び寄せないのかと言われましたが、あの人は金をやって酒さえ飲ましておけばいいんです。呼び寄せる必要なんてない。僕にとっての父親は、小林先生ですから。

その後、母と小林先生夫妻を伊勢神宮や関西に連れていきました。そうはいっても、僕にはスケジュールがびっしり入っていて、なかなか一緒にのんびりする時間はありませんでした。

その中で印象に残る事件がありました。大阪医師会の招きで、大阪の北の郊外の景勝地・箕面にある「琴の家」という有名な料亭で昼食をとったときのことです。

2階の大広間には、当時関西ナンバーワンと言われていた超一流の芸者である八千代さんが舞いを舞ってくれました。僕は失礼ながらその舞いに目もくれず、老いた母に「これはかつおという魚のお刺身ですよ」「松茸のおつゆですよ」とかいがいしく料理を説明したり食べさせたりして、世話をしていたというのです。

八千代さんは野口博士が来るというので、何日も前から最高の舞いをするために稽古を重ねてきたのに、それをきちんと見ないとは、失礼なことをしました。

普通ならばムッとしても仕方ないでしょうけど、そこは超一流の芸者さんだけあって、僕のその振る舞いに「なかなかできることではない」と舞いをやめ、廊下で涙にむせんだというのです。

女将さんもつられて感激して、自分のお金にプラスして寄付も募り、僕の銅像を建ててくれました。今でも箕面公園にその銅像は残っています。

そして僕が母親にかいがいしく料理を説明したり食べさせたりして世話をしている様子が大阪毎日新聞の記者により美談として記事になったのです。この記事の反響は大きく、野口英世といえば孝行息子、というイメージが定着してしまいました。

正直言うと、親孝行らしいことができたのは、生涯でもこの旅行くらいのものでした。しかもスケジュールがいっぱいで、一緒にゆっくり食事をしたこともほとんどありませんでした。だからこそこの少ない機会に懸命に親孝行プレイしたわけですが、たったそれだけのことで「野口英世は孝行息子」というポジティブな評価が死んでからもずっと定着しているのですから、世の中のイメージとはおそろしいものです。

恩賜賞の賞金の使い道

言い忘れていましたが、恩賜賞の賞金は1000円（500万円）という大金でした。小林先生と話し合い、まず次のように配分しました。

血脇先生　400円（200万円）
小林先生　100円（50万円）

会津の渡部鼎先生　　　１００円（50万円）

血脇先生には、アメリカに着いてすぐ送金してもらった１００円と、婚約解消のため斉藤家に僕名義で返済してもらった３００円です。15年前と比較するとお金の価値も半分くらいになっていたし、そもそも渡米時に高利貸しから借りてまで支援していただいたお金など諸々合わせたらとても追いつかないのですが、まあ一応名目上は返済したことになりました。

さらに小林先生と相談し、村の古老や世話になった方々にも分け、小学校にも寄付をしました。残りのお金で、野口家のために田畑を購入しました。隣村の豪農が、野口英世とその母親のためならと、水田一町四反、畑三反を時価の半額以下で安く売ってくれたのです。これを恩賜田と名づけることにしました。一町四反というのは今でいう１・４ｈａ（ヘクタール）くらい。これだけの田畑があれば、それなりの農家としてやっていけます。

ようやく野口家の将来も目処がついて、僕もほっとしました。

小林先生のおかげです。

これで安心してアメリカに戻れます。

思えば最高のタイミングでの帰国だったかもしれません。もっと早く帰っていたら国を挙げてのこのような熱烈な歓迎はなかったでしょう。もっと遅かったら母と旅行などはかなわなかったでしょう。

しかし、これが最後の日本で、母はもちろん、小林先生とももう会えなくなるとは、このときの僕はまだ知りませんでした。

❽ 落日篇

黄熱病を解明しエクアドルの国民的英雄に

この後、僕はまだ13年間生きます。

しかし正直、あまり愉快な話はありません。

ロックフェラー医学研究所のエースとして、世界のノグチとして、常に大きな成果を期待され続けることが、僕を少し憂鬱にしていたのです。

1917年（大正6年）には腸チフスにかかり生死の境をさまよいました。体重も40キロくらいにまで減ってしまいました。

そこから復帰した僕は黄熱病の研究に取りかかります。

ロックフェラー医学研究所が次に撲滅に掲げた目標が黄熱病だったのです。

黄熱病は、中米・南米・アフリカなどの熱帯地方で発生する病気で、病気にかかると肝臓がおかされ強い黄疸症状が出たのちに、黒い血を吐いて死ぬのが特徴でした。死亡率は非常に高く、何年かに一度は大流行してとても恐れられていました。ただし、一度かかると終生免疫ができるというのも特徴でした。

1914年にパナマ運河ができたこともあり、アメリカは黄熱病が国内に広まることを恐れていたのです。

僕の晩年はこの黄熱病との戦いでした。

しかもこの戦いは、当時持っていた武器では絶対に勝てない戦いだったのです。

なぜなら、僕が片時もはなさず持参していた光学顕微鏡の精度では、黄熱病の真の原因であったウイルスを発見することは不可能だったからです。

しかしそのときの僕はそれを知るよしもありませんでした。

もちろん僕だけでなく世界中の誰もが知らなかったのです。

黄熱病の研究では多くの犠牲者が出ていました。自らの命を犠牲にして、病原菌が蚊によって感染することを証明した研究者もいました。

何人もの学者がこの戦いに挑み、みんな返り討ちにされてきたのです。

僕はこれまでと同じ戦い方をすればきっと勝てると思い込んでいました。その頃、僕はかなり自信過剰になっていたのです。

そして、この絶対に勝ち目のない戦いに参戦してしまったのです。

1918年（大正7年）、南米・エクアドルへの黄熱病対策の派遣団に僕は加わりました。当時エクアドルでは黄熱病が大流行していたのです。

国民全員が黄熱病への治療法開発を待ち望んでいました。そこに神の手を持つドクター・ノグチがやってきたということで、僕はエクアドル国民からの期待を一身に受けて研究を始めることになります。

僕は黄熱病の病原体を梅毒と同様な細菌だと目星をつけていました。

エクアドルに着くと僕はすぐに、患者から取った培養菌をモルモットに接種して黄熱病の症状を起こさせました。そしてそれを純粋培養し、とうとう病原菌であるレプトスピラ・イクテロイデスを発見しました。エクアドルに着いてわずか9日でした。

すると新聞にでかでかと「ロックフェラー黄熱病委員会　黄熱病の病原体を発見」という記事が出てしまいました。まだ検証も十分できなかったのですが、ロックフェラー研究所としては少しでも早く成果を国際的にアピールしたかったのです。

その菌を培養してワクチンと血清をつくりました。患者に注射すると効果があった。これを黄熱病が感染している地域に向かう兵隊千名に注射した。すると劇的な免疫効果がもたらされたのです。

病原菌の発見からワクチンの製造、接種にいたるまで、わずかな日数で実現させたのです。これにはアメリカでもエクアドルでも「世界的発見！」として大きく取りあげられました。

これによって僕はエクアドルの英雄となりました。各地の大学から名誉教授の称号を贈られ、エクアドル陸軍からは陸軍名誉大佐ならびに名誉軍医総監として、軍服一式と剣を贈られました。

医学界で批判にさらされる

ニューヨークへの帰途についた僕ですが、実はずっと心にもやもやしたものがありました。僕がエクアドルで発見した黄熱病の病原体が、症状は似ているけど別のやや軽い病気であるワイル病の病原体ときわめて似ていたからです。

さらに母が亡くなったというニュースが日本から届きました。3年前に会ったときに、これが最後になるかもと覚悟はしていましたが、やはり大きなショックです。

僕自身も心臓病や糖尿病の症状が出始めて、体調がよくありませんでした。

落ち込みそうになる気持ちを奮い立たせて、実験に実験を重ねました。そしてついに僕は、自分が発見した黄熱病の病原菌は、ワイル病のものとは違うという確信を得ました。

正確に言うと、確信があると思い込みたかっただけかもしれません。

そして「黄熱病の病原体を発見した」と論文にし発表しました。

思えば、これが僕の大きな失敗の第一歩だったのです。僕の晩年はこの発表に苦しめられることになります。

もっとじっくり検証すべきだったのでしょうが、早く成果を世の中に発表したいという研究所からの圧力に応えざるを得なかったのです。

もちろん「黄熱病の病原体を発見」というニュースは世界中を駆けめぐります。

ドクター・ノグチがまた大発見をやった。多くの研究者が何十年もかかっても解明できなかった病気を、彼はたった3カ月で解明した。神の手だ！ 救世主だ！ と、ますます奉られるようになったのです。

その後、僕は、メキシコ、ペルー、ブラジルなどで黄熱病の研究をします。

しかしその頃から、僕に対する風当たりが徐々に強くなってきます。嫉妬もありましたし、アメリカにおいても他の大学の医学部が勢力を増してきたこともあります。あれだけ隆盛をほこったロックフェラー医学研究所への批判もおおっぴらに聞かれるようになってきました。

苦渋のアフリカ行きを決断

１９２３年（大正12年）にジャマイカで開催された熱帯病会議で、僕の論文に対する批判が噴出しました。黄熱病病原体とされているイクテロイデスはワイル病病原体の一種ではないかというのです。それでもまだ学界の大勢は野口説を支持していました。

１９２４年（大正13年）アフリカ・セネガルにて黄熱病が発生し、現地に赴いたイギリス、フランスの調査隊により、野口ワクチンが効果を見せずイクテロイデスが発見されない旨の報告がありました。

ロックフェラー医学研究所は、僕の部下にあたるイギリス人エイドリアン・ストークス博士をナイジェリアに送って調査させます。しかしそこでも、同様の調査結果が報告されました。

ロックフェラー財団はこの発表に動揺します。

なぜならそれまで、野口説に従ってワクチンを大量に配布してきたという経緯があったからです。黄熱病予防策が根底から覆り、財団の信用も揺らぎかねません。また財団がこの研究に費やしたお金は天文学的なものになります。発表が間違っていたからといってそれを返せとまでは言われないとしても、僕の学者としての真価も根底から問われます。自信があった反面、本当に大丈夫だったか不安もありました。正直、僕は追い込まれていました。

こうなったら自分がアフリカに行って調べるしかない。しかし周囲からは大反対されました。当時のアフリカは地の果てにある未開の場所と思われていました。妻のメリーは特に大反対でした。自分の歳を考えなさい。もう50を過ぎているのよ。なんでそんな場所に行く必要があるのか。研究所のメンバーも反対しました。ロックフェラー医学研究所の幹部であるドクター・ノグチがわざわざ行くことはないと。

そんな頃、ショックなニュースが飛び込んできました。ストークス博士が黄熱病にかかって亡くなったのです。彼は言ってみれば私の代わりにアフリカに行っていたようなものだったので衝撃でした。

こうなったらもう逃げられません。相変わらず体調はよくありませんでしたが、自分でアフリカに行って調査するしかない。フレクスナー所長も了解してくれました。

ガーナで死す

1927年（昭和2年）10月、僕はニューヨークを発ち、イギリス経由でアフリカを目指しました。ロックフェラー医学研究所のアフリカでの拠点はナイジェリアのラゴスにありましたが、そこでの研究に僕は乗り気ではありませんでした。ラゴスには僕の研究に否定的な研究者が多く、そこから離れて自由に研究したかったのです。ちょうどガーナのアクラで黄熱病患者が発生したというニュースが入ったので、僕はそちらでの研究を望みました。アクラでは、イギリス植民局のヤングという医者が僕の面倒を見てくれました。

実はここでの日々はあまり思い出したくありません。

行ってみると黄熱病は終息していました。病原体も手に入らない。頼んでいた実験用の猿もなかなかこない。何しろ暑い。そして現地人の働きが遅いことにもイライラしました。

翌1928年（昭和3年）1月、僕は体調を壊しました。自分では軽い黄熱病と診断しました。1週間ほどで回復し、研究を再開しました。しかしなかなか思ったような成果は出ません。僕はどんどん憔悴していきました。

3月になってようやく病原体らしき微生物を発見しました。ヤングにも確認してもらいました。ニューヨークのフレクスナー所長にも「アフリカの黄熱病の病原体を発見しました」という手紙を送りました。しかしそれは、以前発表した自分の説を覆すことにもなります。僕の不安はどんどん大きくなります。

こうなると僕はもうアフリカにいる理由を見出せなくなりました。設備の整ったアメリカに戻って、もう一度、きちんと調査しようと考えたのです。

5月4日、僕はフレクスナー所長に5月19日にアフリカを発つという手紙を送りました。メリーにも電報を打ちました。

そして5月11日、アフリカを去る前にナイジェリアのラゴスの研究所に挨拶に向かいました。翌朝起きると、悪寒がしました。マラリアじゃないかと心配しましたが、血液検査の結果は陰性だったので安心しました。

そのままアクラに戻る船に乗りました。するとまた悪寒が始まりました。港のないアクラに上陸するためにボートに乗り換える必要があったのですが、その日は大雨で海もしけっていて、僕はずぶ濡れになり、悪寒はますますひどくなりました。

それ以降のことはよく覚えていません。

僕は長い時間眠りにおちたようです。

眠っている間故郷の夢を見た。おっかあのことを思い出した。小林先生、血脇先生フレクスナー博士、そしてメリーに会いたくてたまらなかった。

どうやら僕は黄熱病にかかってしまったようです。

頭痛や熱にうなされながら、もうろうとした頭で考えた。

なぜ一度かかったはずの黄熱病にかかるのでしょう。

ワクチンも打っているはずなのに。なぜなんだろう。でもわからなかった。

見舞いに来てくれたヤングに言いました。

「僕には何が何だかわからない」

これが僕の最後の言葉でした。

5月21日、僕は51歳で亡くなったのです。

⑨人生大逆転の秘訣

プライドを捨てるから援助してもらえる

みなさんは、ここまでの僕の生き方を聞いてどう思ったでしょう？

確かに頑張って勉強はしているかもしれないけど、お金に関しては人から援助ばかりしてもらってるじゃないか、と憤慨している方もいらっしゃるかもしれませんね。

でもね、僕は何もまわりの人からお金を盗んだわけじゃない。僕という「株」を買ってもらっただけです。もし自分の力だけで医者になりたいと思っていたら、到底無理だったでしょう。それどころか、高等小学校にも行けなかったはずです。

僕の中にある野望を達成しようと思ったら、どうしても他人の力が必要でした。それくらい本気で野望を達成しようと思っていたんです。

だからみなさんももし、本気で達成したい野望や志があるのであれば、遠慮なく人に協力してもらいましょう。人生をあきらめるくらいだったら、人の力を借りればいいんです。ひとり孤独に戦うよりも、目標は達成しやすくなるはずです。

邪魔をするのは余計なプライド。プライドがあるから人に頼めないんでしょ？

そんなもの捨ててしまえ！　犬に食わせてしまえ！

僕はそう言いたい。

それでなきゃ、大逆転なんてできっこない。

堂々と「助けてください」と正直にまわりに言うことです。すると人も天も味方になって助けてくれます。多少、迷惑をかけるくらいいいじゃないか。

もちろん、自分ひとりでやらなきゃいけないことも多くあります。たとえば勉強。

まわりの人たちも、僕が優秀なうえに必死で勉強をしているのを見ているからこそ、投資しようと思ってくれるわけです。

大きな事を成し遂げるには、それだけまわりの人たちを巻き込むことです。

やっぱり、本気で何かを成し遂げたいと思っている熱い人間に人は惹かれるものなんです。希望を託すように。

最終的にはお返しする　①血脇先生

日本で僕の株を特に高く買ってくれたのが、血脇先生、小林先生、八子くん、星一くんらです。彼らにはかなりのお金を援助してもらったのは皆さんもご存じのとおり。僕という株が、まだ海の物とも山の物ともつかないときから、ずっと買い支えてくれました。もちろん、野口英世という株が将来上がると信じたからこそでしょうが、配当という見返りを求めていたわけではなかったと思います。

でも、僕はその恩は一生忘れなかった。できる範囲でお返ししました。

血脇先生には恩賜賞の賞金のうち400円（200万円）を返したのは前にお話ししましたよね。

その7年後、1922年（大正11年）、血脇先生は日本歯科医学会の代表としてヨーロッパを周遊し、帰りにニューヨークに立ち寄られました。

僕は血脇先生のために、ニューヨークでの視察や歓迎会のプランを立て、先生の滞在期間中の1カ月は朝から晩までつきっきりで案内をしました。

僕が持っている人脈を総動員して、先生をアメリカ歯科医学界を代表する人物に引き合わせることに全力を尽くしました。

さらにワシントンに出向き陸軍省・海軍省を訪問しました。ドクター・ノグチが行くというので、軍医会の幹部たちが総出で歓迎会を開いてくれ、血脇先生には陸軍歯科軍医学校で講演をしてもらいました。僕は通訳をかって出ました。アメリカの軍医学校で講演したとなると、日本では大きな「箔」になったでしょう。

さらにホワイトハウスにも出向き、なんとハーディング大統領やヒューズ国務長官との会談もセッティングしました。その頃のアメリカでの僕は、こちらが会いたいと言うと、かなりの大物であっても会ってくれるほどの有名人だったのです。大統領には血脇先生のことを「私を育ててくれた日本の恩師です」と紹介しました。国務長官からは「ドクター・ノグチはアメリカの誇りです」という言葉をいただきました。

血脇先生は、驚きを隠せませんでした。ロックフェラー研究所のノグチという名前があると、世界一の大国の元首も、陸軍・海軍の幹部もすぐ会ってくれるということに。血脇先生は自分が褒められているようにうれしかったと言っていました。

ボストン、クリーブランド、シカゴなどの街にもお供し案内しました。

ミシガン湖の近くのホテルでお別れするとき、血脇先生は言いました。

「世界的な学者になって多忙を極めるきみが、この1カ月ずっと僕のそばについて世話をしてくれたことに本当に感激している。かつて私がきみに支援したことなどもうおつりがくるぐらいだ。もうこれで十分だから今後は師としての思いやりはやめてくれ」

僕はムキになって反論しました。

「何を言うんですか。先生がいてこそ今の僕があるんです。そんなこと言われると悲しくなります。僕はアメリカ暮らしが長くなりましたが、人の恩義を忘れるような人間にはなっていません。今でも大和魂をもっています。恩義は取り引きするものではありません。一生、僕の師でいてください。僕のことは昔のまま清作と呼び捨てにしてください」

血脇先生も「悪かった。もう言わないよ」と言ってくれました。

僕はただ少しでも恩を返すことができて本当にうれしかったのです。

これが僕と血脇先生との永久の別れになりました。

ちなみに帰国後の血脇先生の活躍はめざましいものがありました。自ら経営されていた東京歯科医学院は、建設したばかりの鉄筋コンクリート3階建ての校舎が、1923年（大正12年）9月1日の関東大震災によって全壊。血脇先生もぺしゃんこになった家の下敷きになりましたが、息子さんに助け出されて九死に一生を得ました。

苦労に苦労を重ねて、やっと軌道に乗りかけてきた学校も、またゼロからのスタートです。でも先生はそこからがすごかった。

多くの方から寄付を集め、震災から7年後、僕が亡くなった翌年の1929年（昭和4年）11月2日。東京・水道橋に当時歯科の殿堂と呼ばれた立派な新校舎を建てられたのです。

血脇先生は落成式の式辞で以下のように述べたといいます。

「死ぬ気でやればここまでできるのだという見本を見せたかった。歯科の殿堂ができればよいのであって、私はもう死んでもかまわないと思ったくらいでした」

この東京歯科医学院は、第二次世界大戦後、日本初の歯科大学である東京歯科大学になり現在に至ります。

また、公職では１９２６年（大正15年）日本歯科医師会の会長に就任。その後、21年にわたり日本の歯科医学界の発展のために尽くされ、医療制度および医療行政に関連する各種審議会、調査委員会の有力メンバーとして活動されたのです。

最終的にはお返しする　②小林先生

小林栄先生は僕の恩師であるのと同時に父親とも言える存在でした。

僕が家のことをほったらかして研究に邁進できたのも、小林先生が野口家をずっと援助し支えてくれたおかげです。

晩年、小林先生は、地域を発展させるにはまず教育からという信念から、今の中学校に相当する私塾を創設しようと考えておられました。

徴兵検査の学力試験に携わったとき、多くの人間が尋常小学校卒業レベルの問題も解けないという現実に直面し、衝撃を受けたという理由です。それで35年勤めた小学校を辞められました。いかにも小林先生らしいですね。

1915年（大正4年）、僕が帰国した際にその計画を相談されました。もちろん僕は大賛成でした。

学校名は「猪苗代日新館」としたいとのこと。日新館とは、もともと会津藩の藩校の名前で、全国に名を轟かせた人材を数多く輩出したことでもよく知られています。僕は額に入れる学校名を筆で書きました。猪苗代日新館は住民の協力もあって、翌年12月開校の運びとなり、小林先生は自ら館長を務められました。

ただ、実際に開校してみると、なかなか経営が大変で、小林先生自身も無給で頑張られていました。公営に移管しようかと思うと相談されたときは、「日新館は小林先生の人格あっての学校なので公立化はしないほうがいい」とアドバイスしました。

ただ偉そうなことを言っても、やはり先立つものはお金。僕も何とか力を貸したいと思いましたが、ご存知のとおりいつもまとまったお金がないのでわずかな援助しかできずもどかしい思いをしていました。

1920年（大正9年）、ちょうどいいチャンスが生まれました。フィラデルフィア市よりジョン・スコット賞牌を授与されたのです。賞金は800ドルでした。日本円にすると1600円。僕はこの中から1000円（500万円）を猪苗代日新館に寄贈しました。

小林先生はこのお金を「野口英世基金」として活用してくれました。卒業生からは地域発展の原動力となった優秀な人材を多く輩出されました。

最終的にはお返しする　③星一くん

星一くんには日本帰国に際して、5000円（2500万円）もの大金を送ってもらったことは先にお話ししました。ただ帰国費用を送ってくれただけではなく、日本でも随分とサポートしてもらいました。

母や小林先生夫妻を連れての伊勢や関西旅行のことはお話ししましたが、実はスポンサーは星製薬だったんです。しかも帰国しても東京にいてなかなか帰郷しようとしない僕を、星くんが叱ってくれたんです。

「何をぐずぐずしているんだ。早く猪苗代に戻ってお母さんと会って、それから伊勢神宮にでも連れていきなさい」

僕は素直にそれに従ったまでです。

星くんは、伊勢や関西までの旅費を全部出してくれたのはもちろん、常に星製薬の社員をつけるなどして、世話を焼いてくれていたのです。

僕は星製薬の「顧問」として名前を貸していたことなどはお話ししましたよね？　その顧問料としてのお金はすべて、小林先生経由で福島の実家の母に送ってもらっていました。1915年（大正4年）から1918年（大正7年）の11月に母が亡くなるまで毎月15円（7万5千円）です。おかげで、実家は借金を返済することができました。また母が亡くなったときには、300円（150万円）もの見舞金を実家に送ってくれてね。随分と助かったんです。

こんなふうに世話になった星くんに恩返しできる日がようやくきました。1922年（大正11年）、星くんがニューヨークにやってきたのです。その年、星くんは第一次世界大戦で疲弊したドイツ化学界のため200万マルク（現在の約20億円に相当）を寄贈しました。ドイツ大統領から招待を受けて、ヨーロッパに行った帰りに寄ってくれたのです。

誰か会いたい人はいないか聞くと、星くんは発明王のトーマス・エジソンに会いたいと言います。それくらいお安い御用さ！　早速面会できるように知り合いの学者に頼んで調整がついた。そして二人で会いに行きました。あの大発明家のエジソンに会えるなんて僕もうれしかった。

いただいたサインの横にはこう書かれていた。

「成功しない人があるとすれば、それは努力と思考を怠るからである」

血脇先生、小林先生、星くん。いずれも僕という株を買い続けてくれた大恩人です。迷惑をかけた。配当らしい配当は出せなかった。

でもお金では買えない何かをお返しできたんじゃないかと勝手に思っています。

お金より「義」をつらぬく

僕はアメリカに渡ってから、一生の間、フレクスナー博士のもとで働きました。研究所や大学間での異動が激しいアメリカでは、このような師弟関係は非常に珍しく、かなり特殊な関係だといってもいいでしょう。

アメリカに裸一貫できた僕にとって、頼みの綱はフレクスナー博士だけでした。一人前になるまではとにかく博士に気に入られることだけを考えて研究していました。

博士にとっても僕はとても使える道具でした。博士は自分で研究に没頭するよりも、研究費を取ってくるといった実務的な能力に長けているタイプです。

そんな自分に代わって実験を押しつけるのに、僕はもってこいの人間だったのです。しかも驚くべき執念とスピードで研究成果を出してくれるのです。ロックフェラー医学研究所の所長になったときも、自分の子飼いで連れていったのは僕だけでした。

ただ、どんなに僕が偉くなっても、自分のアシスタントだという気持ちは抜けなかったと思います。だから平気で僕の研究に口を出すし、実際に自分が何も関わっていない研究においても連名で論文を出すようなことも平気で要求してきました。

そんな態度を嫌だと思う研究者もたくさんいるでしょう。実際、フレクスナー所長は研究所内外で独裁者として悪口を言われることも多かったのです。

でも僕はその要求を素直に受け入れました。むしろ、何でも相談に行きました。口を出される代わりに、昇進も特別早かったし、僕が法外に使う研究費も目をつぶってくれ、経理とも何度もかけあってくれました。また、僕の論文に異論が噴出したときでも、フレクスナー所長だけは、僕を擁護し守り続けてくれました。

正直、有名になってからはより好条件での引き抜きの話はいくつもありました。

たとえば、僕がまだロックフェラー医学研究所アソシエートメンバー（准正員）で年俸が2500ドルだった時代に、ニューヨークのマウント・サイナイ病院から引き抜きの誘いがきました。新しい研究所を創設する予定とのことで、僕に研究所所長になってほしいと。年俸は6000ドル（3000万円）。倍以上です。

僕は早速、フレクスナー所長にその話を伝えました。アメリカではこういう引き抜きの話がきたら、まず上司に伝えるというのが暗黙のルールだったのです。それは報告という意味もありますし、自分の待遇をよりよくしてもらうための交渉という意味もあります。それに上司がどう対応するかで、残るか移るかを自分で判断するわけです。

僕自身は、フレクスナー博士のもとを離れるつもりは毛頭なかったのですが、慣例として話しただけでした。

僕の話を聞くと、博士は「きみを研究所のメンバー（正員）に推薦して、年俸5000ドル出す。その条件で残ってもらえないだろうか？」と言ってくださいました。

「僕はもともと先生のもとを去るつもりはありません。だから無理にそのような待遇にしていただかなくても大丈夫です」と答えると、

「わかった。でも僕はきみがいてくれないと困るのだ」

と言ってくださったのです。そして実際にメンバーに推挙してくれました。

これ以降もヘッドハンディングの話は、いくつもありました。

でもどんなに給料がよくても僕は博士のもとを去る気はありませんでした。

一番、スケールの大きな引き抜き話は、ペルーの大統領から直々にいただきました。黄熱病の研究でペルーに出張したときのことです。首都リマに設立予定の国立研究所所長のポストへの就任要請で、年俸は2万ドル（1億円）で5年契約でした。さらにその後も契約延長をする用意もあるし、途中万が一死亡しても遺族に5万ドル（2億5千万円）支払うという破格の条件でした。ロックフェラー研究所の4倍。ペルーとアメリカの物価を考慮すると、現地ではさらにその数倍も価値もあるオファーでした。

僕は即答せず、ニューヨークに戻ってフレクスナー所長に報告しました。するとと所長は「今のきみならアメリカでもそれくらいの条件を提示する研究所や大学はあるだろう。南米なんて行くのは老後にしたまえ。うちの研究所は給与は劣るかもしれないが、これほどの研究費と、自由な身分で研究できる場所は他にはないはずだ」と引き止めてくれました。

もちろん僕もフレクスナー博士のもとを離れるつもりはありませんでした。

ペルーの大統領には丁重にお断りし、結局僕は、死ぬまでロックフェラー医学研究所のフレクスナー所長のもとで働きました。

お金も大切だけど、それに優るのは「義」です。

とはいえ、この話をしたことで、ロックフェラー研究所での僕の待遇はさらによくなりましたけどね。

重要なのは「機を見るに敏」

僕の人生を振り返ってみて改めて思うのは、「本当に自分は運がよかったな」ということです。

もしあのまま日本にいたら。

もし留学先にアメリカではなくドイツを選んでいたら。

もしフレクスナー教授が僕をアシスタントとして雇ってくれなかったら。

もしロックフェラー医学研究所が開設されていなかったら。

いろいろな「もし」と「ラッキー」が重なって、僕は当時、世界でもっとも有名な研究者となることができ、どん底の境遇から人生を大逆転することができたのです。

もちろん「運」がよかったことは否定しません。

でも棚からぼた餅のように、ただ待って「運」を引き寄せたわけではありません。ちゃんと、自分の才覚を見極め、時代の流れを読んで、二つを組み合わせることでどの道を選べばいいかを常に判断してきた結果、運を引き寄せることができたんだと思っています。たとえば、留学という道を選んだのも、自分のキャリアや資質では、日本にいたら一生埋もれてしまうと判断したからです。

また当時、ドイツ医学一辺倒の日本において、留学先にアメリカを選んだのも、これからはアメリカがくるという読みや、みんなが留学先に選ぶドイツでは差別化できないという判断があったからです。もちろん来日したフレクスナー博士と知り合えたことも大きかったのですが。

ロックフェラー研究所に残り続けたのも自分の資質と時代の流れを読んだことによる判断です。僕自身、教育者には向いていませんし、雑務は超苦手です。

大学教授になっていたら教育にも携わらなければならなくなります。どこかの研究所の所長になったら雑務に忙殺されていたでしょう。どちらも僕にとってはフラストレーションが溜まるばかりで、まともな成果は出せていなかったに違いありません。

このように自分の才覚と時代の空気を組み合わせて、「機を見るに敏」であることはとても重要。そして何よりも行動力が大切です。チャンスだ、と思ったらためらわずに食らいつく。躊躇なんてしていたら、チャンスの扉は閉まってしまいます。

世の中には志は立派でも、行動しない人もいる。逆転するには志と行動を掛け合わせることが重要だ。でかい野望があるならそれだけでかい行動力が必要になる。行動力とは食らいつくことだ。僕は目の前のチャンスに食らいついた。一度拒否されたってへこたれないね。繰り返すけど、だから貧しい農家の息子が世界的な医学者になれたのだよ。

自分の考えを一秒でも早く発表する

人々に応援してもらうには言葉によるアピールが一番大事です。

考えてみたら僕の人生は、小学生のときに書いた作文から転機を迎えたのです。

ロックフェラー研究所に勤めだしてからも、僕はとにかく自分の研究をアピールすることに余念がありませんでした。もちろんそれは外国人でいつクビにされるかわからないという切羽詰まった気持ちも大きかったのですが。

当時、あのロックフェラーが巨額の資金を投じて設立した研究所から、いったいどんな成果が出るのかニューヨーク市民の関心の的でした。新聞記者は研究所内に入り込んで、常に特ダネを探していました。

僕はスポークスマン代わりになって彼らに情報を流していました。それをよく言わない同僚も多かったのですが、フレクスナー所長をはじめ上層部の人たちは、研究所の宣伝になるからと好意的でした。

アメリカ社会では自分を売り込み、研究成果をアピールしてさらなる研究費を集めなければ仕事ができなかった。そのためにはまず何よりも実績です。

学者の世界では何よりも論文です。

僕の論文の数はおそろしく多いです。

通常の学者の何倍もの論文を書いて発表しました。ちなみに僕は数多くの論文を執筆するにあたって、高山歯科医学院、順天堂医院、伝染病研究所時代に、医学雑誌の編集の仕事をこなしていたことがおおいに役に立ちました。

一見ムダに思えることも、ちゃんとつながるんですね。

そういや僕がまだ独身時代、ニューヨークの部屋に同居していた荒木紀男くんに論文について僕の持論を話したことがあります。彼は血脇先生の紹介で僕のところに来ました。歯科技工士でアメリカの最先端の技工を学ぶための留学でした。

「せっかくアメリカに来たのに人の技術を感心して学んでいるだけでどうする。そろそろきみも自分の考えを論文にしなさい。この国ではどんなに知識があろうが、自分の考えを文章にして発表しなければ黙っているのと同じ。何も知らない無知な人間だと馬鹿にされるだけだぞ」

僕がせっかくいいことを言ってやってるのに荒木くんは「まだ英語力がないので」とか寝ぼけたことを言っている。

「そんなことでどうする。じゃあ、俺が書いてやるから、今すぐきみの研究成果を喋れ」

そう言うと、荒木くんは渋々自分のノートを持ってきて、研究成果を喋り始めた。

僕はそれを聞いて、さっさっさっと8ページの論文に仕上げてあげた。

しかも僕の知り合いの歯科の学術誌の編集者宛てに紹介文を書いてあげたんだ。

あとはこの論文を送るだけだ。

「今から郵便局へ行って送ってこい」と言うと、荒木くんは「もう夜中の2時です。今日は遅いので明日の朝にします」と言う。

僕はその言葉にカチンときて怒った。

「そんなこと言ってるからダメなんだ。中央郵便局なら24時間開いている。きみと同じ内容の論文を今誰かが書いているかも知れないんだぞ。研究は1秒でも早く届いたものが勝ちだ。今すぐ行ってこい」

荒木くんは慌てて駆けだしていった。


これは、学問だけに限らず、仕事でも勉強でも同じだと思います。

小さなことでもすぐに動くという手間を惜しまない人間は、そうでない人間より成功に近い場所にいる。荒木くんの場合は、ライバルより半日成功に近づいたわけだ。

まさにタイムイズマネーです。

お金は紙切れだ

マネーという言葉が出てきたからお金について、話しておこうか。

やっぱりお金は大切だ。お金がなくていいことなんて何もない。

それは僕が一番身にしみて感じていたことです。

お金はとても大切。でも一方でお金はただの紙切れ。みんなありがたがっているけど、燃やせば灰になるようなものです。

何より僕みたいな男が、お札の肖像になっているんですよ。婚約詐欺スレスレで集めたお金を一晩で散財して、生涯の師に高利貸しでお金を借りさせて自分の野望を実現しようとした男が。

いいですか。お金ってのはね、使って初めて価値が生まれるのです。

その使い道に価値がつく。

僕は目的を達成するために役に立つ金なら惜しまず使ってきた。それが他人の金であってもね。

なぜかって？　僕は、お金は手段にすぎないと思っているからだよ。

僕の場合は、お金は「志」を実現するための手段です。

人様に迷惑をかけろ

さて、そろそろ僕に与えられた時間も残り少なくなってきました。

最後に野口流人生大逆転術の極意を教えよう。

それは「人様に迷惑をかけろ」ということです。

みなさん、子どものときに親から言われませんでしたか？

「人様に迷惑かけちゃいけない」

また世の中で名を成した人は必ず言いますよね。

「人に頼らず自分で正しい道を歩め」

でもそれって本当でしょうか？

ただ、その人たちに都合のいいように洗脳されていただけかもしれませんよ。

人間、生きていたら、何かしら他人に迷惑をかけるものです。

海外の多くの国では「そもそも生きていたら人に迷惑をかけるもの」「迷惑はお互いさま」という認識が一般的です。

日本人は人に迷惑をかけることを恐れすぎているのではないでしょうか？

だからこそ、ちょっと迷惑をかけられると腹をたててしまう。

迷惑さえかけなければそれでいいと、消極的になっていませんか？

そんなことでは大きな「志」や「仕事」は実現できません。

まわりを見回してください。何か大きな仕事をした人は、往々にしてまわりに迷惑をかけまくっている人が多いのに気づくでしょう。


だから、あえて、みなさんに言いたい。

人様に迷惑かけよう、と。

何か大きな「志」を実現するためには、人様に迷惑かけちゃっていいんです。

僕の人生は、特に日本にいた頃は、お金でまわりに迷惑かけまくっていました。

確かにそれは褒められたことではないかもしれない。

でも、「志」を実現するためには必要な迷惑だったと、僕は認識しています。


ただ、人様に迷惑をかけるのであれば、それなりの覚悟も必要です。

この講演の冒頭に「自分は『株』であると認識せよ」とお話ししました。

実際に、野口英世の株価は生涯において超乱高下を繰り返しました。

みなさんの株価は今、どれくらいでしょうか？　もし今どんなに低くても、いくらだって株価は上がる可能性はあります。あなたの置かれている状況がどんなに最悪であっても、きっと大逆転できます。

その覚悟がもしあなたにあるのならば、人様にどんどん迷惑かけましょう。

もし、あなたが今、どんなに暗く深い穴の底にいたとしても、黙ってメソメソしていたら誰も気づいてくれない。大声をあげて助けを呼びましょう。多くの人に迷惑をかけて、まずは地上に引き上げてもらいましょう。そして人生大逆転しましょう。

もちろん、迷惑かけた人には、株価が上がったときに全力で配当をお返しすることを忘れずに。僕自身、迷惑をかけられた人の多くにも、のちには喜んでもらったと思っているし、喜んでもらうために死ぬ気で努力もしました。

長い時間、僕の話におつきあいいただき、ありがとうございました。

最後に僕が順天堂医院の助手でくすぶっていた頃に詠んだ一句でお別れしましょう。

――まて己 咲かで散りなば 何が梅――

グッドラック！

はい。金運大吉です。

野口先生ありがとうございました。

いやあ。素晴らしい。実に素晴らしい。

伝記のイメージと全然違って、なんかこう人間らしいところがよかったですねぇ。野口先生のおっしゃるとおり、何度も訪れたピンチこそが、逆にブレークスルーのチャンスなのかもしれません。

野口先生のすごいところは、なんてったって圧倒的な行動力ですよ。

そういえば、2018年にノーベル生理学・医学賞を取られた本庶佑先生も、スピーチで野口英世先生の行動力のすごさを語っていました。

躊躇しない行動力が何度も幸運とお金を引き寄せたんでしょう。

一方で、さすが破天荒な野口先生だけあって、お金の使い方もまあ破天荒でした。

生き急ぐかのような、そんなはちゃめちゃなところが実にいい。

一点集中の熱量が半端ありません。

そして講演を聞いたブラック企業の新人ノグチくん。

彼がこれからどう成長していくのか、楽しみですねぇ。

野口流人生大逆転の極意は
「人様に迷惑をかける」（＝人様の力を借りる）ということです
故郷の大恩師
小林先生
私はいろんな人に迷惑をかけてきました……
実家の面倒はボクがみるから
はい、お金
東京の大恩師
血脇先生
アメリカではどんなことにも耐え、頑張りたまえ
はい、お金
アメリカ時代からの友人
星くん
はい、お金
はい、お金
ある資産家の姪
Mさん
婚約破棄ってどういうことよ！
まだ納得してないわよ！
なにか大きな「志」を実現するためには
人様に迷惑かけちゃっていいんです！
ただし
「志」実現に向けて
死ぬ気で努力する覚悟は必要です
まだ納得してないわよ!!

エピローグ

僕の滝登り計画

講演会が終わってから僕はどうやって帰ってきたか覚えていない。
でも今こうして家にいるということは、
新幹線や在来線を乗り継いでちゃんと帰ってきたということだ。
でもまだ僕の身体は講演会の熱気に包まれていた。

さて、ハッキリ言おう。衝撃だった。
少年の頃の僕はいったい何を見て何を聞いていたのだろうかってくらいにね。
野口英世があんなにぶっ飛んでいたなんて。
行動力が半端ないぞ。
「鯉の滝登り」。そんな言葉が浮かんだ。
鯉の滝登りとは、中国の伝承だ。
黄河にはどんな魚たちも登れない「竜門」と呼ばれる急流がある。

この険しい竜門を登ることができた鯉は見事、龍になることができるというのだ。
何かを成し遂げる偉人たちは、ハッキリ言って特別だと思っていた。
選ばれた人間であって、僕とは違うってね。
選ばれた特別な人間と比べられたって、やる気は出ない。
努力とか根性なんてしたって無駄だって。

でも野口英世だって、
最初は僕らのような小さな鯉だったんだ。
竜門のような逆境を
乗り越えることができたのは、
彼の「志」と「行動力」だ。

志と行動力に生まれも育ちも能力も関係ない。

これは僕にとって大発見だった。

どうしてこんな当たり前のことに気がつかなかったんだろう。

僕は胸の震えを抑えることができなかった。


会社の人たちをイメージしてみた。

僕を含め、彼らは働いているんじゃない。働かされているんだ。

働かされているから消耗して疲れるのだ。この違いは大きい。

野口英世のように野望を持って仕事をしている人間は、社内にいるのだろうか？


「休養」「教養」

松下幸之助が提唱した言葉を反芻してみる。

そして僕のオリジナルの「培養」。

やはり、初期設定をそろそろ変えるべきだ。

この考えは変わらない。いや、講演会を聞いてむしろ確信した。

一度リセットが必要だ。
確かに野口英世の「実験マシーン」のような命を削る働き方はすごいと思う。
しかし、それを支える「志」がなければただの過重労働で過労死寸前ではないか。
今の僕らは、「実験マシーン」になるなんて到底できない気がする。

小さくてもいい。まずは志という名の野望を持つことから始めなければいけない。
だけど、日々「働かされて」こんなに消耗していたら、野望なんて探せない。
目の前の生活で精一杯だからだ。
ほんの先の未来さえ見る余裕がない。
だから「休養」なのだ。
まず心身を健全化させる必要がある。
そして心と体を休めたら、次は「教養」だ。
趣味でもなんでもいい。興味のあることを探究してみる。勉強だよ。
大事なのは「好奇心」の種を育てることだよね。
そこから思いがけない「野望」が発芽するかもしれないんだから。

さて、「休養」「教養」ときて、次は「培養」だ。
そもそも何かを培養するときは、「培地」が必要だ。
つまり、育てる環境だ。
「培地」が菌などに汚染されていたら、育つものも育たない。
一緒に汚染されてしまう。
この培地が僕らの健全な体と心なのだと思う。
「休養」によって疲労を回復し、心身の健やかさを保つ。
「教養」というエッセンスを加えて「培養」するのだ。
培養には時間を要する。
微生物の検査では何日かで結果が出るだろうけど、僕らの場合は違う。
何年も何十年も培養しなければ、結果が出ないものもあるかもしれない。
そればっかりはやってみないとわからないよね。
「培養」とは時間をかけて発酵させることであり、「挑戦」し続けることだと思う。
それって、つまりは「行動」だ。
せっかく勉強して知識を得たって、実際に使わないと意味がないよね。
お金と同じ。ただ、貯めているだけじゃ無いのと同じさ。

行動が必要だ。

次の日から僕は、どうやったら週5でやっている仕事を週4に収めることができるのか、具体的に考えることにした。

言っていなかったと思うけど、僕は飲料会社で品質管理の仕事をしている。

幸い、新人だから先輩や上司のように多忙ではない。

まず、自分の部署から始めた。

先輩や上司と積極的にランチや飲み会に行き、情報を集めた。

どんな業務があって、どれに時間がかかるかとかね。

理想と現実を洗い出したんだ。

聞くと、意外とみんなダラダラと仕事をしていたり、

非効率なやり方をしたりしていることに気がついた。

安月給だから、わざと遅くまで仕事をして残業代を稼いでいる社員も大勢いた。

みんな、忙殺されているのではなく、進んで多忙にしていた。

残業代で稼がないとまともな生活が送れないという、会社の設定がおかしい。

だったら普段は残業なしで早く帰宅し、翌日に備えて体を休めるようにして、

会社は浮いた残業代をボーナスにまわせばいいんじゃないか。
どうせ、支払われる総額は同じなのだから。

さて、自分の部署での業務についてある程度わかってきたら、次は他部署だ。
「週休3日」は会社全体のことだからね。他部署の意見も聞きたい。
製造の社員や生産管理の上司にも声をかけたよ。
ま、役職がついている人たちは当たり前だけど、
忙しくて参加はしてくれなかったけどね。
でもいい。僕は自分の名前を覚えてほしくて、
定期的に同僚や上司に声をかけている。
「品管にノグチというおもしろい新人がいる」
僕は次第に、そう言われるようになったんだ。

こうして僕は、自分なりの働き方改善案をまとめていった。
問題はどのタイミングでどうプレゼンするかだ。
決して話がうまくない僕がぶっつけ本番でプレゼンしても

撃沈してしまうことは目に見えている。
そこでこっそり、派遣社員の女性に協力をお願いした。
練習台になってもらうためだ。
なんとなくだけど、この会社では男性は疲れきっているけど、
女性は余力というか余裕がありそうに見えたからだ。
ニュートラルな視点でのアドバイスも欲しかったのも本音だ。
最初は彼女もびっくりしていたけど、協力してくれた。
「ノグチくんておもしろいことするのね」
そう言って笑った。

そして数ヵ月後。
僕の提案は前回のようにことごとくダメ出しを食らい却下された。
でも僕は落ち込まなかった。
だってそんなの想定内だったからね。
非難ごうごうのダメ出しを僕は全部メモったよ。
それは更なる改善案のヒントになるからね。

みんなが問題点を教えてくれるから、次の会議へ向けて提案の精度が高まるよ。
休日はビジネス書や労務管理の専門書を読み漁るようになった。
気づくと「教養」が深まっていた。
しかも不思議と楽しくてね。

そんなある日、あるニュースを見た。
そう遠くない未来に人間はＡＩに仕事を奪われるとかってね。
それで僕ら人間の仕事がなくなるんだってさ。
笑っちゃったよ。
悲観的な発想だよねぇ。
利用すればいいのにね。
そもそもコンピュータと「競争」しようとするから
「奪われる」なんて発想になるんだよ。何を恐れているんだよ。
週４日は会社に行く。
残りの３日で「休養」「教養」「培養」をして会社に還元できるようにすればいい。

給料は「会社にいる時間」だけに支払われるものじゃないと思うんだ。

まあ、こんな偉そうなことを言う僕だけど、「週休3日制」への壁はまだまだ大きい。権限もないしね。説得していくしかない。

もしくは出世して偉くなって権限を得るまで待つか。いやぁ正直待てないな（笑）。

とにかく、できることから始めてみるよ。

当面の僕の野望はこのザ・昭和体質な会社を「完全週休3日制」にすることだから。

願わくはこの野望が、いつの日か社会全体に浸透するといい。

誰もが「働かされず」「消耗しない」社会をつくりたい。

これが僕の今の志だ。

はい、金運大吉です。今度の迷子ちゃんは、
夢をあきらめてクールに生きている若い女性、ヒグチさんです。

彼女は会社のシステムよりも、生き方に悩んでいるようですねぇ。
今は生きるためになんとか心を殺して踏ん張っている
ようですが、少しずつ無気力の海に沈んでいます。
彼女もそのことに気がつかない。いや、ほんの少しは
気づいてはいる。
でも、あきらめの心に支配され、行動ができないようです。
これはいけませんねぇ。
こんな子羊ちゃんにはあの人の講演がぴったりです。
ちょっとわたしが行って金運大吉劇場に案内しましょう。

一葉篇

若者

ヒグチさん

正社員時代に病気にかかって退社。現在は派遣社員として無気力に働く。本当はイラストレーターの夢があった。

第2幕

樋口

教わる先生

樋口一葉先生

作家。本名・夏子。父親の死後、戸主として一家を養うために職業作家に。約20篇の小説を執筆し、女流作家の第一人者となった。代表作は『たけくらべ』『にごりえ』。1872-1896年。

長丁場の作業
お疲れ様でした
編集プロダクション
おかげで無事に
校了を迎えられそうです
はい、今日の
お礼です
ヒグチさんも
はい
ありがとう
おう
諭吉1枚
多いのか
少ないのか
わからないね
1万円か〜
ドキドキ
どれどれ
サッ
こ、これはっ!?

プロローグ

わたしの舐めた仕事観

仕事なんかに人生をかけたくない。
手を抜けるところは手を抜いて、決して全力でなんか取り組まない。
そんなスタンスで会社に通っている。
わたしは、とある小さな生産工場の派遣社員だ。総務の仕事をしている。
「総務部は縁の下の力持ち的存在だ」と上司は言うけど、
わたしはただの雑用係だと思っている。
誇りなんてものは持っていない。
だから極力仕事はしたくない。
残業なんてもってのほか。
空気を読まずに定時近くに
仕事を頼んでくる社員にはうんざりする。

女って得だと思う。
まあ、得っていうのは相対的で、
厳密には男がいるから女は得なんだけどね。
どうしてだと思います?
男女平等っていうけど、現実はそう簡単じゃない。
なんだかんだで日本はまだまだ男社会だと思う。
でもわたしはそれでもいいと思っている。
だってそのほうが得で楽だから。
テキトーに愛想よくしてテキトーにあしらっておけば、男なんて楽勝だ。
めんどうな仕事も振られない。
男性と同じ土俵には立たない。
こっちのほうが能力があっても、あえて降りてあげるっていうか。
求められるとおりに生きていくのは楽だ。
川に流されてあげる。逆らって泳ごうなんて、冗談でもしない。
そんなことしたら溺れて終わりだから。
別にやりたい仕事なんてない。

ちょっと嘘をついた。
本当はあったのだ。
やりたい仕事。憧れの仕事。
子どもの頃からイラストを描くことが好きだった。
イラストレーターに憧れていた。
誰にも見せずにこっそりひとりで描いていた。
美大か、それが無理ならイラストの専門学校に進学したいと思っていた。
でも、両親に言えなかった。そんな空気じゃなかったからだ。
父親は地味な部品メーカーで経理の仕事を、
母親はスーパーでパートをしていた。
うちの家庭に「イラスト」なんて言葉が
入り込む余地は1ミリもなかったのだ。
それに学費も高かった。
兄弟も親しい友達も信頼できる先生もいなかったわたしは、
ただただその思いを自分の心の中に封印した。

そして努力しなくても入れる平凡な女子大に進学した。
高校の同じクラスにイラストの専門学校に進学した女子がいた。
それがタナベさんだった。
彼女とはほとんど喋ったことがなかった。
うらやましいというより、同じクラスで自分以外に
そんな道を目指している人間がいたことのほうが驚きだった。
なぜか卒業式の日にタナベさんから言われた。
「ヒグチさんはなぜ女子大なんかに行くの?」
なんて返事をすればいいかわからなかった。
「てっきり美大かイラストの専門学校に行くと思ってた」
頭が混乱した。
なぜわたしがイラストをやりたいことを知っているの?
しかしその質問さえもわたしは口に出せなかった。
タナベさんはそれだけ言うと、さっさと去っていった。

大学ではそれこそ淡々と過ごした。
同級生と話しても話題が合わない。
みんなと一緒に行動すればするほど孤独を感じる。
だとしたら最初からひとりでいるほうがましだった。

時間だけはあったから、わたしはますますイラストにのめりこんだ。
独学でデジタルでも描けるようになった。
こっそりとイラストのコンクールに応募したこともある。
でもすべて落選した。
悔しいというより、ほっとした気持ちが強かった。
やっぱり才能なかった。
人に見せたり、美大や専門学校に行きたいなんて言ったりしないでよかった。

そういいながらもわたしは多くの時間を、イラストを描いて過ごした。
大学3年のとき、タナベさんからいきなり連絡があった。
専門学校の卒業展があるので見に来ないかというお誘いだった。

気はすすまなかったが、
断わる理由を考えるのも面倒なので見に行くことにした。

実際、専門学校の学生たちの卒業制作を見ると、
胸に黒い固まりのようなものがこみあげてきた。
タナベさんの作品も含め、
これがプロとして通用するレベルなのかは正直わからない。
ただ少なくともわたしから見て、
箸にも棒にもかからない作品はひとつもない気がする。
そんな人間たちがこれだけいるという事実に、
同じような学校が日本中にいっぱいあるという事実に、
わたしは気持ち悪くなったのだ。
この中で卒業後、イラストだけで生活していける人間がどれだけいるのか。
ひょっとしたら、ひとりもいないかもしれない。
わたしはイラストレーターになるという夢をきっぱりとあきらめた。

最初はＩＴ企業に就職した。
ひたすら忙しい会社だった。
1年、もたなかった。
ある日、朝起きるとどうしても会社に行けなくなった。
心療内科に行った。
休職ののち辞めることになった。
本当にやりたいことにも向いていなかったし、
普通の仕事にも向いてないことがわかってしまった。

だとしたらわたしに何が残る？

とはいえ、どこかで働かないと食べていけない。
わたしの家には、就職して家を出た娘に仕送りするほどの余裕はない。
わたしは派遣会社に登録して、できるだけラクそうな仕事を選んだ。
そして今に至る、だ。

1週間前、数年ぶりにタナベさんからメッセージが届いた。
イラストの仕事を手伝ってほしいというのだ。
彼女は今、編集プロダクションで編集者をしているらしい。
彼女が作っているムック誌で、大量のイラストのカットがいる。
でも予算はないのでプロが使えない。
それで1日だけ手伝ってほしいと。
最初に感じたのは、怒りにも似たとまどいだった。
そもそもわたしは一度も自分のイラストを他人に見せたことがない。
もちろんタナベさんにもだ。
なのになぜ彼女はわたしがイラストを描くと思っているのだろう。
でも最終的には受けてしまった。
そのまま断ってしまったら、今後の人生を歩めない気がしたのだ。
それにアルバイト代もくれるというし……。

次の土曜日。タナベさんが勤める編集プロダクションに行った。
呼ばれたのはてっきり自分だけだと思っていたら、

他にも若い女性が3人来ていた。

いずれも、彼女が出た専門学校の学生だという。

タナベさんはわたしと久しぶりに会った感慨を微塵も見せなければ、イラストの腕を確かめようともしなかった。

ただ、どういう仕事かを淡々と説明するのみ。

見本を見ながらそれに合わせて、
でも、そのままではなく微妙に変えながら、
とにかく大量のカットを生産していくという仕事だ。

それも手描きでやってほしいという。

「そのほうがあなたたちも勉強になるでしょ？」

そうタナベさんは言った。

手伝ってほしいとか言いながら「勉強になる」ってどういうこと？

そう思ったが口には出せなかった。


わたしたちには各自デスクがあてがわれ、その場でイラストの生産が開始された。

タナベさん自身はその作業に加わろうとはしなかった。

自分自身はイラストレーターになろうと思っていたことなどまったく忘れているような雰囲気だ。


わたしにはかなりのプレッシャーがあった。

他の3人に比べ自分だけ極端に劣っていたらどうしようという不安。

でもこうなったらやるしかない。

割り振られたデスクで各自、黙々と作業した。

お昼休みには弁当が支給され、会議室で3人の女の子たちと一緒に食べた。

知り合い同士の3人が会話し、わたしは黙ってお弁当を食べるしかなかった。

何とも言えず気まずい空間だった。

そして夕方、作業は終わった。


わたしたちは会議室に集められた。

タナベさんはわたしたちが描いたイラストを各人ごとに分けてデスクの上に並べ始めた。

なぜそんなことをするのだろう?

わたしは裸をジロジロ見られているような気がして、生きた心地がしなかった。

タナベさんは、そうして誰のイラストにも何のコメントもしなかった。

ひいき目かもしれないが、他の3人よりも自分のほうがうまい気がする。

そして、生産量はわたしがダントツに多かった。

タナベさんはイラストを整理し終えて部屋を出ていくと、少しして戻ってきて、

「少ないですけど、今日のお礼です」と封筒を配った。

「お疲れさまでした」タナベさんは言った。

このイラストでよかったのだろうか……

釈然としない気持ちもあったが、わたしたちは帰るしかなかった。


わたしたち4人は同じエレベーターに乗った。

沈黙に耐えかねたのか、ひとりの女の子がわたしに質問した。

「プロのイラストレーターさんですか？」

わたしには質問の意味がわからなかった。

「だってうまいし早いし」

「いえいえ」とわたしはあわてて首を振った。

エレベーターは1階に到着した。

駅に向かう道は1本しかなく、
わたしは彼女たちのすぐ後ろについて歩くことになった。
3人は「疲れた」とか言いながら、さっそく封筒の中身を確認しはじめた。
「おう、諭吉1枚」
「これ多いのか少ないのかわからないね」
などと言っているのが聞こえた。
わたしはもやもやしながらも、少しうれしかった。
1万円もらえるのはとても助かる。
そして、どんな形であったにせよ、
初めてイラストの仕事をして、お金をもらえたことに興奮していたのだ。
専門学校の学生たちにほめられたこともうれしかった。
エレベーターでの「プロですか?」という質問は、皮肉には聞こえなかった。

帰宅後、わたしは正座をして封筒の中身を確かめた。

衝撃を受けた。
1万円じゃなかったのだ。
肖像画は福沢諭吉ではなく樋口一葉だった。
これはどういうことだろう?
素人だから専門学校の学生の半額だということだろうか?
それともイラストの出来を見て、彼女たちの半額でいいと判断したのか?
ひょっとしたら、間違い?
それならまだ救われる。
しかし封筒の表には「ヒグチ様」という名前が書いてあった。
間違いじゃない。
大きなため息が出た。

どうしてわたしだけ1万円ではなく、
5千円なのか。

一瞬、わたしの苗字がヒグチだからかと考えた。
いやいや、そんなジョークはいらない。
まじまじと5千円札を見つめた。
樋口一葉か……。改めて見ても、なんだか幸薄そうな顔である。
苗字が同じだったからか、高校時代に樋口一葉のことを少し調べたことがある。
台東区三ノ輪にある一葉記念館にも行った。

小説家。本名は樋口夏子。戸籍名は奈津。
1872年（明治5年）東京で下級士族の娘として生まれる。
幼い頃は父の事業がうまくいき比較的裕福な家庭に育つ。
11歳のとき、小学校4級を首席で卒業。
進学希望だったものの母親の反対から進学を断念。
「女に長く学問させることは先々のためによくない」
というのが一般的な時代だったからだ。
進学しなかった代わりに、歌塾「萩の舎」に入門し和歌を学ぶ。

その後、父親は事業に失敗して莫大な負債を抱えたまま死亡。
前年に兄も亡くしていたので、一葉は17歳にして一家の大黒柱になり、
借金を返しながら、母や妹を養うことになる。
さらには、婚約していた相手とも破談。
そこから一葉の苦難にみちた貧乏生活が始まる。

女であるだけで職業もきわめて限定されていた時代、
一葉は筆一本で食べていくことを決意。
金持ちから「妾になれ」などと誘われても屈せず、
知人、親戚、友人らに数え切れないくらいの借金をしながら
新聞小説家の師に小説のいろはを習い、職業作家を目指す。
そして22歳のとき、『文学界』にて『大つごもり』を発表。
その後、1年ちょっとの間に
『たけくらべ』『にごりえ』『十三夜』といった作品を次々と発表。
森鷗外など文壇から大絶賛され、注目を集める。
この代表作を生み出した期間は「奇跡の14カ月」と呼ばれている。

肺結核により24歳6カ月で死去。
没後に発表された『一葉日記』も高い評価を受けている。
そして2004年(平成16年)、5千円紙幣の肖像に採用。

調べた当時、胸が痛くなったのを憶えている。
家督を継いでからの一葉は、とにかくずっと貧乏だった。
読んだことはないけど、日記にはお金のことばかり書いているらしい。
そんな状態でよく小説なんか書けたなと思う。
どうやってクリエイティブな気持ちを持続できたんだろう。
わたしなんて、日々のこんなちっぽけなことでもぐちぐち悩んでいるというのに。

その夜、夢を見た。
わたしは古い街並みを歩いていた。
道は舗装されておらず、行き交う人は和服姿だ。
わたしもなぜか和服を着ていた。
坂を越え、路地裏を進むと井戸が見えた。

近くの木造の民家の門をくぐると、見知らぬ男が立っていた。

顔は真ん丸で童顔。年齢不詳だ。

思わずのけぞったわたしに、男はゆっくり言った。

「ヒグチさん、あなたのように冷めて生きている人を探しておりました」

童顔はわたしの名前を口にした。

「あなたはこの講演を聞くに値する人です」

促されて玄関に足を踏み入れると、
そこはなぜかコンサートホールのような空間が広がっていた。
なぜ、民家の中にそんな空間が？
観客席は満員。
なぜかみんな女性だ。
みんなクールで熱気は感じない。
ほどなくして、壇上に少し地味な色合いの和服姿の女性が上がった。
どこかで見たことがある顔だった。
そう、樋口一葉だった。

お札の肖像よりずっとイキイキした表情だった。
一葉は一礼すると静かに語り出した。

JASRAC　出　1906789-901
NexTone PB 43576号

人生大逆転講演会

第2幕

貧乏を創作意欲にして逆転サヨナラだ！

講師 樋口一葉先生

はじめまして。物書きの端くれ、一葉と申します。本名は樋口夏子です。

驚きです。まさか自分が5千円紙幣の顔になっているなんて。

生きていた当時のわたしに言ってもまったく信じないでしょう。

学歴もなく何か社会を変えるような活躍をしたわけでもなく、わずか14カ月の間に発表した数篇の小説が少し話題になっただけのこのわたしが、お札の肖像なんて。生きているときは貧乏でお金にまったく縁がなかったのに、ほんと皮肉なこと。


さらに驚いたのは、こっそり書いていた日記が出版されていることです。

「死んだら日記は焼き捨てよ」とあれだけ言っておいたのに、妹の邦子が言いつけを守らなかったんです。日記だけじゃなく、小説の下書きからボツ原稿まで、わたしが書いたものは1枚も始末せずに、きちんと整理整頓して保存してくれてたんですって。

そんなふうに資料が充実しているということで、わたしについて研究されている大学の偉い先生方も大勢いるとか。

まったく余計なことを。あんなものが多くの人に読まれているなんて、舌を噛んで死にたいくらい。……ってもう死んでましたわね。

……まあこれも物書きの宿命なのかもしれませんね。

しかし、わたしには作家一葉という仮面があります。日記を書くときでさえ、その仮面を外さないことも多々ありました。「すねもの」と評されたことがあるひねくれた性格のせいか、物書きの性質なのかわかりませんが、日記のみでわたしの本当の胸の内を読み取るのは難儀なことでしょうね。

ふふふ。まことか嘘か。日記自体がひとつの小説のようにも見えますでしょう?


今日は創作や日記の真偽についてはなるべく避けてお話しします。講演のテーマは「お金」と「人生大逆転の秘密」ですものね。わたしが本当に人生を逆転できたのかわかりませんが、せっかくこんなに大勢の女性のみなさんが聞いてくれているんですもの。みなさんが生きていくうえでのヒントになるお話ができたらと思います。

わたしの人生は悩みだらけでした。家計の悩み、家族の悩み、人間関係の悩み、師弟の悩み、恋の悩み、創作の悩みなど生前は悩みが尽きることはありませんでした。

なかでもダントツはやっぱりお金の悩みね。

17歳で樋口家の家督を継いでからは、とにかくお金のことばかりが頭の中を占めていました。だからわたしの人生逆転物語は、そのほとんどがお金との戦いです。

令和に生きるみなさんはどうなんでしょう？

わたしが死んでもう120年以上。今の時代を生きる女性のみなさんがどんな悩みを抱えているかわかりません。わたしが生きていた時代よりは少しは風通しがよくなっていることを願いますが、でも生きていたらきっといろいろあるでしょう。

わたしがお話しできるのは、樋口夏子と一葉が、貧乏のどん底で喘ぎながら、いかに創作意欲を保ち、作家デビューを果たしたかということ。いわば、お金に負けない生き方かもしれません。ぜひ女子のみなさんが生きていくうえでの参考にしていただければ。

ある人が聞けば悲劇。別のある人が聞けば喜劇。

みなさんの心にひとひらの葉が残りますように。

お金がトラウマ

まず、あらためて、わたしがお金に対して持っていた感情を言わせてください。これは重要だからです。声を大にして言っておきたいことです。

あ、すみません。ちょっとマイクの音量上げてもらっていいですか。

わたしはお金が好きじゃありません。むしろ嫌い。大っ嫌いでした。

音量をもとに戻してください。はいＯＫです。

お金が嫌いだったのは貧乏だったからではないですよ。貧乏になる前からです。

幼い頃の樋口家はまあ庶民の暮らしとしては裕福なほうでした。

この金嫌いのトラウマともいうべき原因は、父の副業にありました。父は役人のかたわら、副業で不動産業と金貸業をしていたんです。

わたしはそれを間近で見ていました。わずかなお金を貸してわずかな利子に執着する方も、そんなわずかなお金さえも借りねば生きていけない悲しさも。

金がなければ生きていかれない、大人の現実世界というやつですね。

そしてそんな世界を知れば知るほど、次第に軽蔑していった。

金のせいで、人はこんなにも偉そうになったり卑屈になったりする。この世の金の流れはどうなっているのか。その正体をいつか突き止めたいと思っていました。

〝にわか武士〟の娘に生まれる

農家の出だった両親は故郷甲斐の国から駆け落ち同然に上京。一心不乱に働き金を貯め、やがて武家の株を購入。晴れて徳川将軍直属の武士となりました。簡単にいうと、平民から武士に成り上がったということです。金で身分を手に入れたので〝にわか武士〟というやつではありますが、それでもわたしは武士の娘として生まれたことを生涯誇りに思っています。

しかし、苦労して貯めた金で武士になったのもつかの間のこと。なんとその3カ月後に江戸幕府が崩壊してしまいます。せっかく苦労して手に入れた身分も当然……。

それでも父は運がよいほうでしょう。士族ということで東京府の下級役人になることができ、身分も働き口もひとまず保証されました。

そして明治5年3月25日、東京府庁構内の官舎長屋でわたしが生まれました。場所は内幸町。今でも新橋駅近くの内幸町ホールの入り口横に「樋口一葉生誕地」という記念碑が建てられているそうです。ご大層なこと。

ちなみにこの日にちは太陰暦です。1872年（明治5年）11月に太陽暦が施行されたので太陽暦に直しますと5月2日が誕生日となります。わたしの名は戸籍上は奈津ですが、新暦では初夏生まれなので自然と家族もわたしも「夏子」と記し、呼ばれるようになりました。

ちょっとややこしいんですよね。姉妹兄弟は里子から引き取られた長女藤（14歳）、長兄泉太郎（7歳）、次兄虎之助（5歳）、続いてわたし。そして2年後に三女邦子が生まれました。

少女夏子、「桜木の宿」の蔵で本の虫になる

わたしが小学生時代、樋口家はとにかく引っ越しばかりしてました。

その詳細を話しても聞くほうも難儀だと思いますので、一番印象に残っている家の話をしましょう。それはわたしが4歳から9歳まで住んだ通称「桜木の宿」という本郷6丁目にあった屋敷です。

樋口家初めての持ち家で、1876年（明治9年）の4月、父が550円（550万円）で建てたそうです。ここに住んだ5年間が樋口家の全盛期でしたね。両親はもちろん兄弟も全員揃っていたし、父の事業も順調で経済的にももっとも恵まれていました。

あ、「桜木の宿」はわたしがひそかに命名したんです。

隣の法真寺という浄土宗のお寺の境内に咲く桜が美しくて。桜の花びらが池に舞い散ったときの鯉との対比が風流でした。蔵の2階からお寺を眺めた景色が大人になっ

ても印象に残っていて、「ゆく雲」という小説の中でそれを書いたくらいです。

「桜木の宿」とは、一葉らしいいいセンスだと思いませんか?

わたしは当時から手まり羽根つきなど女の子らしい遊びにはまったく興味がなくってね。この屋敷の薄暗い蔵の2階で本ばかり読んでました。

特に英雄ものの伝記や任侠伝が好きだったなあ。一度読み出すと夢中になって、目を悪くしてもやめませんでした。だから近眼になってしまって。父が眼鏡を買ってくれたくらいです。

なぜそんな薄暗い場所で本を読んでいたかと言うと、母に見つかると嫌な顔をされるからです。女が本なんて読むとロクな人間にならないと。

まったくもって古くさい考え方ですが、当時はまだまだそんなものだったのですよ。

そんな古くさい母の考え方のせいで、小学校も中退させられました。

「学問の虫になっちゃやだめ。結婚が女の幸せなのよ。勉強ばっかりして結婚できなかったらどうするの!」ってね。

それまで成績は超優秀で首席だったにもかかわらずですよ。せめてあと1年半通わせてくれたら小学校は卒業できたのに!

父は進級に賛成してくれていたんですが、こと娘の教育に関しては、樋口家では母の意見が幅をきかしてたんです。

このときほど自分が女であることを嘆いたことはありません。

まるで地獄に落ちてしまったようでした。

でもね、たったひとつだけ、おしゃか様が蜘蛛の糸を垂らしてくれた。

それが和歌でした。

小学校の担任の先生がわたしだけに特別に和歌を教えてくれたんですよ。

これこそが、のちの一葉を生む布石になるとは、もちろんこのときにはわかりませんでした。

その頃に詠んだ思い出の和歌の中から、ひとつ紹介しましょうか。題は「筆」です。


——ほそけれど人の杖とも柱とも思はれにけり筆のいのちも——


意味はあえて教えないのが、すねものである一葉流ですよ。

みなさん、自分で考えてみてくださいな。

夏子、歌塾「萩の舎」に入門する

学校を辞めてからは家事手伝いをし、知人宅へ裁縫を習いに行ったりしていました。まあ、なんともつまらない日々でした。しかも近眼だったから、裁縫が難儀で難儀で。そういえばこの頃、わたしは将来の許嫁《いいなづけ》と出会いますが、詳しくはまたのちほどに。

さて、家と裁縫教室を往復するだけの退屈な日々の中、ひとつの転機が訪れました。1886年（明治19年）8月。父が知人の医師を頼ってわたしのために歌塾を探し、入門させてもらえることになったのです。うれしかった。父は母の意向とはいえわたしに学校を辞めさせたことをずっと悔やんでいるようでした。その頃、経済的にも安定していたので、娘にさらなる教育をと考えてくれたようでした。もしかしたら父は、わたしに何か文学の才能があると見抜いていてくれたのかもしれません。

歌塾は「萩の舎《はぎのや》」といい、師は中島歌子先生です。小石川水道町（現：文京区春日）の自宅兼稽古場の屋敷がありました。わたしが歌子先生と出会った頃、先生は41歳です。門下生は皇族や華族、上流士族の奥様やお嬢様方がひしめきあっていました。わたしのような下級官吏の娘なんて比にもならないほどの家柄の方ばかりでした。よくまあそんなすごい私塾に父は娘を入門させたのだと思いますが、どうやら父も「萩の舎」がどんなところかあまり知らなかったみたい。

「萩の舎」の入門日は忘れもしない8月20日。ここでわたしは本格的に和歌や千蔭流書道、王朝文学などを習うことになります。

あれ、母は許してくれたの？　そんな声が聞こえてきますね。

はい。許してくれました。というのは、和歌は世間的に気品ある女のたしなみに思われていたので「まあそれなら」と許可してくれたんですよ。

ちなみに入学金は1円（1万円）で月謝は50銭（5千円）でした。

歌塾に通える!!　大袈裟でもなんでもなく、このことは生涯、わたしの生きるうえでの大きな支えになりました。

退屈な日々を持て余していた14歳の少女の運命が静かに動き出したのです。

貧しくとも卑屈になるなかれ！

当時、萩の舎の生徒は大きく3つの階級に分けられていました。

みなさんの時代でいうスクールカーストってやつですね。

階級のトップに君臨するのは皇族をはじめとする華族のお姫様たち。続いて上流士族や富裕層のご婦人やご令嬢。ここの階級でも普通の世間ではかなりのお嬢様です。

そして底辺にいるのがわたしのような、下級士族や平民でした。

わたしは、16歳年長で未亡人の田中みの子さん、日本橋の商家の娘である伊東夏子さんと仲良くなり「平民3人組」と称していました。伊東夏子さんとは名前が同じことから、彼女は「イナッ」、わたしは「ヒナッ」と呼ばれていました。

一般庶民の暮らしから見たら、その頃の樋口家は、まあ裕福なほうだったと思います。一応士族ですし。イナッちゃんの家も、かなり大きな商家だったと聞いています。しかしお姫様たちから見たら一般庶民は所詮、一般庶民ですからね。天と地のような差があるのです。

正直言うと卑屈になるんですよ。田中みの子さんからは「ものつつみの君」と呼ばれるほどに内向的な性格になってしまいました。

だってね、どうしても平民組は下に見られる。お客さまが来るときのお酌や配膳はもちろん、毎月の例会でお茶菓子を配るのも平民組というのが暗黙のルールでした。先生も頼みやすかったのでしょう。

でも歌では負けません。先輩たちを差し置いて最高点をもらえたこともありました。歌では身分なんて関係ありませんから、遠慮がいりませんでした。

そうはいっても、やっぱり年頃の女子。

歌とは別のことに目がいっちゃうんですよ。

気になってしまうんです。そう、服装です。

わかるでしょ、女子のあなたなら。

年に一度の発会なんて、歌よりも衣装の話題で持ち切りでねぇ。こっちはそんな晴れ着なんてないから会話にも参加できず、隅っこで歌を考えるふりをして耳をそばだてていました。話を聞きながら動揺してた。

本当はそんな会行きたくなかったんです。でも両親が発会のために緞子の帯と古びた八丈の着物一式をそろえてくれて。古着ではあるけれどうれしくて。勇気を出して出席することにしました。

わたしに歌の才能なんてあるのかわからない。けれど、父が心を砕いて萩の舎に入門させてくれたことや期待をかけてお世話になった人たちへの義理もある。そんなことを考えたら逃げるなんてできないと思ったのです。

そして不安と期待を交えた発会当日。

なんと参加者60人余りの中で最高点をとったのです。

してやったり！　これはうれしかったな。

さて、その思い出の歌を久しぶりに詠みましょう。

――打なびく柳をみればのどかなるおぼろ月よもかぜはありけり――

はい。例によって意味は教えませんから、各自考えてくださいな。

夏子、17歳で借金まみれの家を引き継ぐ

さて、1887年（明治20年）12月のことです。このとき、不幸が樋口家を襲いました。元々病弱だった長兄の泉太郎が肺結核で急死し、わたしが樋口家の家督を継がなければならなくなったのです。

姉の藤は再婚し、次兄虎之助は不良息子で勘当同然に分籍し無理やり独立させられていたので、順番的には次女夏子です。

とはいえ、当時のわたしはまだ15歳。未成年なので父を後見人に立て樋口家の家督を継ぎ戸主となりました。1888年（明治21年）2月22日のことです。戸主といっても後見人として父がついていてくれているので安心していました。

その頃の樋口家の家計は、兄の病気や葬式の費用などで出費が膨らみ、かなり困窮しつつありました。父は役人を退職していましたし。家計が傾きつつあったのです。

そこで父は知人に誘われ新しい事業に踏み出します。運送業務です。一山あてよう

と思ったのでしょう。

しかし、1年も経たないうちに運送事業は先行きが怪しくなり、ついに会社は解散することになります。

そしてなんともあろうことか、父を事業立ち上げに誘った責任者たちは逃げてしまいました。父にすべての責任と負債を押し付けて。樋口家は莫大な借金を背負ってしまったのです。転がり落ちるときは本当にあっという間です。

父は心労から寝込んでしまいました。そして同年7月。精根尽きたかのように、長兄の後を追うように亡くってしまったのです。父58歳。わたしが17歳のときです。

残されたのは返す当てもない借金だけです。

17歳のわたしはその樋口家を支える大黒柱にならなきゃいけないのです。

まさにどん底という表現がぴったり。

ここから樋口家の極貧生活が始まるのでした。

婚約者から高額の結納金を請求される！

父は参画した運送事業に失敗すると、許嫁の渋谷三郎さんにわたしの婿養子になってほしいと頼んでいたようです。渋谷さんから明確な答えはなかったようですが。

父の死後、母はこの婚約を正式なものにしようと渋谷さんに申し入れをしました。ところが後日、渋谷さんは知人を通してとんでもないことを言ってきたのです。なんと婚約の条件として高額な結納金を請求してきたのですよ。母は驚きと同時に烈火のごとく怒った怒った。

その頃、渋谷さんは「高等文官試験」という、簡単に言うと官僚になるための試験突破を目指していたそう。邪推ですが、どうもそれまでにかかる様々な出費（生活費や学費など）の負担を樋口家にしてほしかったみたいです。この結納金の請求は「婿に入ってやるんだからそれくらいの金を出すのは当然である」と、そんなふうに聞こえた。

父の葬儀など結構壮大におこなったので、樋口家にはまだ金があると見込んでの要求だったのかもしれません。もしかしたら、父は生前に「学費くらい世話するよ」などと話していたのかも。わかりませんが、いずれにせよ、樋口家の財力を値踏みされたんです。あさましくいやらしい！

金が絡むと物事はよいほうにはいかないものですね。母は当然要求を退けました。そしてこの婚約はあっという間に破談になったのです。わたし個人に対する裏切りよりも「樋口家」に対する裏切りに怒りが大きかったですね。

女子のみなさん、こういう男には注意してくださいね。

夏子、歌を保留にする

渋谷さんとの婚約が破談になり、わたしたちはどうしたかというと、次兄虎之助を頼ることにしました。8月末の四十九日の法要などもろもろのことが落ち着くと引っ越し、虎之助の元へ身を寄せました。9月上旬のことです。虎之助は芝高輪町から芝西応寺町の借家へ住まいを移っていましたので、ここで母と妹とわたしと兄での同居生活がスタートしました。しかし案の定、不良息子の虎之助と同居は当然ながらうまくいきません。お金もない。

次第に萩の舎の月謝も馬鹿にならなくなりました。

歌は、一度保留にしよう！

生活の見通しが立ったらまた歌を詠めばいい。そう開き直ったんです。でもやっぱり歌が詠めない生活はわたしから「心の自由」を確実に奪っていきました。

心に浮かぶのはお金のことばかり。

ああもう。お金なんて嫌い！　貧乏なんていやだ！　父が生きていたら！

そう叫びたかった。でも母も邦子も戸主のわたしを頼りにしている。次兄は頼りにならない。わたしが家族を養わなければ。

わたしは心の叫びを乱暴に日記に書きつけました。

何かお金を得られる道を早く探せなければ、借金返済どころか、自分たちの命が先に尽きてしまいます。

萩の舎を休むわたしを心配した友人が手紙をよこしてくれました。でも友人には恥ずかしくて話せない。じゃあ誰なら話せるか。

そのときに浮かんだ顔は中島歌子先生です。

わたしは藁にもすがる思いで先生のもとへ走りました。

すると先生が内弟子にならないかと言ってくれたんです。しかも住み込みで。

いや、話してみるものですね。

内弟子ということは、ゆくゆくは歌の師匠に……？

みなさんもしますよね？　妄想。

先走り過ぎだって？　いえいえ。期待しないほうが無理ですよ。

でもね、あとでわかっちゃったんですよ。歌子先生には裏の顔があるって。

結局、先生は使い勝手がいいわたしを萩の舎に引き留めておきたかっただけでした。

内弟子として萩の舎に住み込んだものの、まもなく女中が辞めてしまいます。

そこらへんから何かが狂いだしたんですよ。

わたしが女中の仕事をしなければならなくなったのです。お風呂の準備、台所仕事……もろもろです。これは想定外の想定外。ちょっと、ちょっと……内弟子っていうより、女中なんじゃ……。しかも一向に新しい女中さんがきません。

次第に先生に対して不信感を抱くようになったのです。

様子を見にきた邦子も心配しています。まさかわたしが水汲みなんてしているとは思わなかったのでしょう。

「内職をして女3人で暮らそうよ」邦子がそう提案します。わたしもさすがにそうしたいと思った。いつまでも都合よく使われたくはありません。

そして兄のもとを離れどうにか女3人で暮らしていく決意をしました。

衣類の洗濯や仕立物といった内職をして生計を立ててみようと思ったのです。邦子は手先も器用だし裁縫学校へ通っていたので、主戦力になってもらえそうです。

歌子先生にも事情を話し、内弟子という名の女中からは5カ月ほどで解放されました。

そして本郷区菊坂町（現：文京区本郷）にある安い借家を見つけてすぐに引っ越しをしました。１８９０年（明治23年）９月のことです。わたしは18歳でした。

お金のために小説家を目指す

本郷に引っ越しをして朝から晩まで内職に励みましたが、得られる賃金はわずかなものでした。

1カ月の生活費は8円（8万円）くらいだったでしょうか。単衣の仕立物はよくて1枚9銭（900円）。袷は8銭（800円）から10銭（1000円）。木綿綿入れは多くて14銭（1400円）ほど。洗濯は1枚2銭（200円）から5銭（500円）です。

すぐに、これでは暮らしてはいけないことがわかりました。

そうなると、飢え死にしないためにすることはひとつ。そう。借金です。

この頃から樋口家の借金は雪だるまのように膨らんでいきました。これはいかん!!

何か手を打たなければ、と懸命に考えを巡らせます。

そしてあるひとつの可能性に行きつきました。薄々考えていた可能性。

そう、わたしはこのとき本格的に職業作家を目指してみようと思ったのです。

実は萩の舎の先輩、田辺竜子《たなべたつこ》さんが田辺花圃《かほ》という名前で本を出版していたのです。今の言葉では作家デビューというやつですね。33円（33万円）もの原稿料をもらったという噂も聞きました。そのことが頭の片隅にあったんです。

正直、田辺さんの本を読んだときは「これならわたしにも書ける」って思ったくらいです。彼女にできてわたしにできないことはないって。

懐かしい向上心がむくむくと湧き上がるのを感じました。

やむにやまれぬ創作欲というよりも、お金のために小説家を志したのです。

そしてもうひとつ。学問で身を立てることができなかったことへの復讐であり、格好をつけると貧困への挑戦でもありました。

女子ネットワークで小説の師とつながる

さて、意気込んでみたものの、そう簡単にはうまくいかないのが人生という物語のつねです。そもそも小説の書き方がわかりません。自己流にやってみても、うまくいかない。人の作品を見たら、こんなのすぐに書けると思うのですが、いざ自分でやってみると難しいものなのです。

わたしは「誰か書き方を教えてほしい!」と切実に思うようになりました。

妹の邦子にも、素人が小説を書く難儀さを話しました。

すると、邦子はいろいろな方に「誰か小説を教えてくれる人、いない?」と聞き回ってくれたんです。妹は、わたしと違って、素直で愛想よく、人づきあいもいいんですよ。

そしてなんと、邦子の友人も協力してくれて、東京朝日新聞文芸部所属で新聞小説家として知られていた半井桃水《なからいとうすい》先生を紹介してくれることになったのです。
おそるべし、邦子の女子ネットワーク！

これってまさか初恋⁉

1891年（明治24年）4月15日のことです。わたしは歌塾の帰りに桃水先生を訪ねました。洗濯仕事の届け物もかねて。先生はまだ帰宅していないらしく、案内された部屋でひとりじっと待っていました。ものすごく、緊張、緊張、緊張。ただそれだけでした。一秒一秒がこんなに長く感じられたのは初めてです。永遠のごとく、時間が止まってしまったかのようでした。ほどなくして先生が帰宅。

桃水先生を見た瞬間、時間が止まりましたよ。

美男子っぷりに一瞬で釘づけです。みなさんの時代の言葉で言うと、イケメンってやつです。桃水先生の写真は残っているみたいなので、気になる人はチェックしてみてくださいね。

わたしは帰宅後、日記にこの日の出来事を事細かく記しています。先生の第一印象はこうでした。

「色いと良く面ておだやかに少し笑み給へるさま誠に三才の童子もなつくべくこそ覚

ゆれ。丈は世の人にすぐれて高く、肉豊かにこえ給へばまことに見上る様になん」

3歳の子どももなつくくらいですから、当然わたしも一目惚れしてしまったのです。

さて、イケメンを目の前に、しどろもどろになりながら、身の上を話しました。戸主であること。家族のこと。生活が困難であること。歌塾に通っていること。そして作家を目指していることを。

「小説家はお勧めしません。男でも小説で身を立てるのは難しいのですよ」

先生は神妙な面持ちで言いました。

「ですが、お話を聞くとご家族を養うのに大変なんですね。師というには頼りないでしょうが、わたしでよければ相談に乗りましょう」

「……ありがとうございます」

それから小説界の話を詳しく聞きました。桃水先生は書きたい小説があるものの、世間に受け入れられないので、好まれやすい話をやむなく書いているというのです。

このときのわたしには小説家の葛藤があまりわかりませんでした。しかし作家の道を歩むにつれ、わたしの課題にもなるのでした。

スパルタ小説指導開始！

そこから週に1回のペースで桃水先生宅を訪れ、指導してもらいました。

桃水先生は顔に似合わず言うことは厳しくてね。

「文量が多い」「なよなよしている」「雅文ではなく通常文体で」「この趣向では新聞や雑誌には合わない」などなど、指導がガンガン続きます。

特にわたしは趣向がダメみたいでした。「新聞小説の読者には奸臣賊子や奸婦淫女の話が受けるから趣向を合わせなさい」と散々言われました。

助言をいただき、持ち帰って書きなおす。清書が終わると届ける、もしくは郵送する。そんな循環です。執筆は主に夜。日中は妹とともに内職をしたり、萩の舎の稽古に励みました。そうそう、上野の図書館にもよく資料探しに出かけましたね。

なかなか忙しい日々ではあったけど、心地よい充実感も覚えていました。

きれいな動機で始めた小説修業ではないけれど、わたしは何かの願いに向かって全力で進んでいる。そんな毎日がなぜかとてもいとおしく思えたのです。

家は変わらず貧乏なままなのに。お金を得る何の見通しも立っていないのに。

ああそうか。たぶん、こういう気持ちが希望なのかもしれない。そう思ったら胸がいっぱいになりました。

貧しくとも希望を持つことが大逆転への第一歩。

これを令和時代の女子のみなさんにも伝えたいです。

夏子、頭痛・肩こりに悩まされる

季節は6月。小説修業に励んで2カ月が過ぎました。

その間に、ひとつチャンスが巡ってきます。桃水先生が、東京朝日新聞の主筆である作家にわたしを紹介してくれることになったのです。

しかし、わたしの原稿を読んだその作家は、「こんなものとてもじゃないけど新聞掲載できるレベルじゃない」と言ったとかで当然たち消えになりました。

本当に悔しかった！　ただ今から思えばそれも理解はできます。この頃のわたしは、まだ作家という職業を甘く見ていたのです。

当然、原稿料など入ってこない。家計は一向に改善せず、妹の邦子ばかりに内職を負わせるわけにもいかず、わたしは小説修業のかたわら、苦手な針仕事に励まなければならなかったのです。しだいに肩こりや頭痛に悩まされるようになりました。

のちに昭和の劇作家井上ひさしさんが『頭痛肩こり樋口一葉』という舞台脚本を書いたとかで、一葉といえば頭痛・肩こりがトレードマークになっているようですが、実際に本当にひどくてね。

忍耐。この言葉が頭に浮かびました。

わたしには忍耐がぜんぜん足りないではないか。そう思って自己嫌悪になるくらい。

夜中、眠くならないように水を頭からかぶったり、ふとももをキリで刺して覚醒を試みました。キリは痛かった。オススメしません。絶対やめておいたほうがいいです。

夏子、お堀に身を投げかける

早く、先生に認められる原稿を書かなければ。次第に追い詰められたわたしは書いてはいけないことを、小説に書いてしまったのです。何だと思います？

答えは桃水先生への想いです。

女主人公が歌の師匠に

恋をする話を書いたのです。

自分と桃水先生を投影させてしまった。本当に馬鹿ですよねぇ。

しかも、先生にはしっかり見抜かれていたんです。

「自分のためではなく読者のために書きなさい」「わたしは自分の心は売らない」などと言われたとき、恥ずかしさや悔しさで顔をあげることができませんでした。

突き放されたような気持ちになりました。

その日は、まっすぐ帰ることがどうしてもできなかった。

ふらふらと街をさまよい、気がつけばお堀端まで来ていました。

だいぶ日も暮れてしまった。風に揺れる柳が物悲しさを漂わせています。

いっそこのまま身を投げてしまおうか。

一瞬、そんなことを思ったのです。死んでしまいたいと。でもすぐに引き返した。

わたしには養うべき人がいるんだから。母と邦子が待っている。

わたしの命はわたしだけのものではない。そう思いとどまって家路を急ぎました。

返してもらった原稿は気持ちとともにお堀に破り捨ててしまいました。

もちろん、よい子のみなさんはこんなことやっちゃダメですよ。

小説の師の怪しき噂に惑わされる

それ以来、気まずくなり桃水先生宅には行きづらくなってしまいました。代わりに中島歌子先生に添削をお願いしたりもしました。

でもやっぱり、わたしにとって小説の師匠は桃水先生の他はいません。指導してもらいたい気持ちも強かった。それが作家になりたい気持ちからなのか、恋愛感情からくるものなのか自分でもよくわかりません。

そしてこの頃、桃水先生の怪しい噂が耳に入るようになりました。

遊び人で花柳界に多額の借金があるとか。先生宅に寄宿している女学生が妊娠し、赤ちゃんの父親が桃水先生と思わせるような話までも耳にしました。

実はわたし、この噂を死ぬまで信じてしまっていたんです。

噂の主は野々宮菊子さん。そう、桃水先生を紹介してくれた方です。実は彼女も密かに先生を慕っていて、わたしに対する嫉妬心からウソをついたなんて知るよしもなく。そんな噂を耳にして、わたしは桃水先生への不信感をつのらせていきます。

一方、人づてに桃水先生がわたしのことを心配しているとも聞きました。

わたしは、これは作家になってお金を稼ぐために行くんだと自分に言い聞かせ、また先生から指導を受けることになったのです。

4カ月ぶりに会った先生はやっぱりカッコよかった。

会うと胸の高鳴りは抑えられませんでしたね。

先生は仕事場も兼ねて本宅とは別に下宿を借りていたんですけど、これを「隠れ家」と言っていました。

わたしはこの隠れ家へ訪ねることもしばしばありました。

でもこの隠れ家が緊張して緊張して。

だって部屋にはわたしと先生だけ。火鉢を挟んでお話をしていると、イケナイことをしているような気持ちになるんですよ。

母や萩の舎の友人たちが知ったらなんて言うか。

明治時代、わたしは士族の娘として貞操観念厳しく育てられました。桃水先生は独身ですし、母の了解を得てから先生を訪ねていましたけど、だから変な噂が立ったら困ってしまう。わたしは戸主ですし樋口家の問題にもなる。

でも、先生に恋をしてましたから、二人きりで話すことに胸がときめいていたんです。そんな罪悪感とときめきを隠しながら小説修業は進むのでした。

女子のみなさんはわかりますよね？　この気持ち。

ただ、ここで誤解をしないでほしいのは、恋の成就は願ってはいなかったことです。実際に何か行動を起こすなんてとんでもない。ひそかに心の中に閉じこめていました。

それにわたしには「お金」という目的があることも忘れてはいませんでした。

恥ずかしながら先生に借金を申し込んだこともしばしば……。

同じ年の12月末、無事年越しが迎えられたのも、先生から15円（15万円）のお金を借りることができたからです。

今思えば、何と複雑にねじれた関係なんでしょう。

作家デビューを担保に半年間の生活援助を取りつける

樋口家の家計は相変わらずどん底で、借金はどんどん膨らんでいきます。

大体借金申し込みは母担当でした。父の生前の知り合いに頼むのです。

あるとき、父の元上司の方から、月々8円の6カ月分計48円（48万円）という大金を借金してきました。なんて言って借りてきたと思います？

「娘の夏子は半年後には作家デビューする見通しが立っているんです。今はその原稿を執筆中です。売れてお金が入りますから。そうしたら返済します」

これを聞いたとき、呼吸が止まるかと思いましたよ。

たった6カ月で作家になれと？？

タイムリミットは半年。

もう時計の針は動き出している。その間になんとしても小説をお金に換えなければなりません。もうここまできたら引き返すなんてとてもじゃないけどできません。もうね、こうなると才能がないなんて甘えたことは言えないんですよ。

才能がなんですか！

私は、才能なんてなくったって、作家にならねばならないのです。

作家デビューを担保にお金を借りたんですからね。

樋口家の家運はわたしの筆にかかっているんだと思うと、身が引き締まるのを通り越して、背筋が凍る思いでした。

念願の雑誌デビューへ！　しかし……

１８９２年（明治25年）の2月4日のこと。

うれしいニュースが舞い込んできました。

なんと、桃水先生がわたしのような若手のために雑誌を創刊するというのですよ。

雑誌名は『武蔵野』。

この行動力ったら。さすがですねぇ、桃水先生。ありがたい限りです。

やっと道が開けるかもしれない！

そう意気込んで創作に筆を走らせました。

これが短編『闇桜』です。事実上のわたしの雑誌デビュー作です。

萩の舎の稽古も休み、締め切りギリギリに仕上げると先生宅へ届けました。先生にも先生のお弟子さんからも「よくできている」と褒められました。

このとき、初めて「一葉」のペンネームを使いました。

「一葉」の由来はまたのちほど。

創刊は3月です。わたしはもとより、樋口家一同首を長くしてドキドキしながらその日を待ちわびました。母は早速48円を貸してくれる父の元上司に報告に行き、ちゃっかり今月分のお金を借りてきました。

しかし、です。雲行きが怪しくなるのです。

『武蔵野』は3月15日に発刊予定と聞いていたのですが、他の同人の原稿が締め切りに集まらないなど、理由があって発刊が遅れ遅れになっていました。

母は「どういうことなの？」とわたしを責めたてます。

わたしもわけがわかりません。もしかして創刊の話が頓挫したのでは？

もしくはわたしの小説ではダメなんじゃないか。どうしよう。金を借りた父の元上司には15日に発売されると話してあるのに。

もう悪いことを想像してしまい夜も眠れませんでした。もしかしてわたしの小説を褒めてくれたのはウソだったのではないか。そんな妄想で頭がいっぱいになりました。

翌日、急いで桃水先生宅を訪問し問い詰めました。

「わたしの小説が使い物にならないならハッキリおっしゃってください！　もしうわべだけで褒められてもわたしには見分けることができないのですから。もしわたしの小説が使い物にならないなら、わたしは今後どうするか、すぐにでも考えなければなりません！」

一気にまくしたてて先生を見ると、ぽかーんという表情です。

多分、かなり切羽詰まった形相だったことでしょうね。

先生は怒りを押し隠して反論しました。

「いったいどういうことですか、それは。わたしは引き受けたことにウソはありません。もろもろの都合で発刊が少し遅れているだけの話ですよ。どうしてあなたはそんなにも疑うのです？　もうしばらく辛抱なさい。あなたの小説は『武蔵野』に2、3回載れば必ず世に名前が知られます」

今度はこっちがぽかーん顔です。またお金が原因で先走ってしまったんです。

さらに先生は「家計に心配があるならわたしのほうでなんとかしましょう」と子ど

もをなだめるように言いました。

おかげでその日はひとまず安心して帰路につきました。本当に夏子ったら思い込みが激しいですね。でもこの妄想力があったから、わたしは創作の世界を羽ばたくことができた、ということにしましょうか。

ピンチ！　生活費援助が打ち止めに！

そうやって樋口家全員がまだかまだかと『武蔵野』の発刊を待ちわびていたある日、突然、父の元上司が援助打ち切りの手紙を寄越してきたんです。

どうやら、『武蔵野』が一向に発刊されないので、お金を貸しても無駄だと思われたみたいでした。母があれほど雑誌掲載されることを触れ込んでいたのに、その雑誌が発売日に出ないんだから、そりゃ不審に思うでしょうね。

結局、『武蔵野』は、手紙がきて数日後の3月27日に発刊になりました。

なんというタイミングの悪さ。

それにしても、生活援助が打ち切りになって樋口家はもう大騒ぎです。母や邦子の落胆ぶりは見ていられなかった。「大丈夫。なんとかするから」そう母たちに言ってみたものの、何も当てなんてありませんでした。

結局、またも桃水先生に借金の申し込みをしたのです。

先生はお茶でも飲むように、即座に了解してくれました。

さらに先生のツテで『改進新聞』にわたしが以前別に書いた小説を載せることが決まったんです。ちなみに『改進新聞』には15回に渡って「別れ霜」を掲載することができました。

同人誌とはいえ雑誌デビューに次いで新聞デビューを果たし、やっと希望の兆しが見えてきたように感じました。しかしながら『武蔵野』の売り上げについては……残念ながら芳しくありませんでした。7月の第3号をもって廃刊になってしまい、またも雲行きが怪しくなってしまいます。

世間体を気にして師と絶交

1892年（明治25年）5月下旬、中島歌子先生のお母さまが逝去されました。歌子先生宅へ行き泊まり込んで通夜や葬儀のお手伝いなどをする日が続きました。6月7日。十日祭には萩の舎の内輪だけで集まってちょっとした酒宴がありました。そこで親友のイナツこと伊東夏子さんからいきなり問い詰められたのです。

「桃水先生との付き合いをやめることはできないのか」と。

「どういうこと？　桃水先生とは師弟関係以外何もないよ？？」

どうやらわたしと桃水先生のよからぬ噂があるというのです。

ちょっと意味がわかりません。だってわたしは桃水先生とは本当に何もなかったからです。気になって気になって仕方ありませんでしたが、イナツちゃんは教えてくれませんでした。

後日、みんなが帰ったあと歌子先生に思い切って聞くと、あっさり教えてくれました。

それは知らぬは本人だけ。聞くに堪えない醜聞ばかり。

桃水先生がわたしのことを自分の妻だと言いふらしているとか。

一葉の小説は自分が代筆したとか。

怒!!

なんですか、それ！

恥ずかしくて血の気が一気に引いた。

怒りのあまり、わたしは歌子先生の前で桃水先生との絶交を宣言します。

帰宅すると日記の中で桃水先生を罵倒しました。わたしが妻だなんて、どうしてそんなことを言ったのか。

その後、わたしは桃水先生に絶交状を送り、また直接訪問して、これこれこういうわけで先生とは今後お会いすることはできない、と話しました。

先生はわたしの話を聞いてくれ、わたしの立場について納得してくれました。

この日以来、わたしは桃水先生への思いを日記にたくさん書くようになります。

先生にますます屈折した恋心を抱くようになったのです。

でも本当の本音は書けなかったんです。自分が招いたこととはいえ、本当は絶交なんて展開になってしまったことが、とても悲しかった。先生に会えなくなることが。

憎くても好きだったんですよ。

夏子、師匠と離れ作家への道を自力で切り拓く

先生と絶交すると、作家への道は自力で切り拓くしかありません。

そんなとき、わたしのことを不憫に思ったのか、田辺花圃《かほ》さんが手を差し伸べてくれたのです。田辺さんは、前にも話した通り萩の舎の先輩で先に『藪の鶯《うぐいす》』という著作で雑誌デビューしていた方です。

皮肉にもわたしは桃水先生と距離を置くことでチャンスがやってきたのです。『藪の鶯』は『都の花』という一流の文芸誌を発刊していた金港堂から出版されていたんですけど、何か小説を書いたら金港堂の人に見せてくれるというのです。

すぐに図書館へ通い題材を探します。

そして金港堂へ売り込むための小説の執筆に取り組みました。

並行してわたし自身が借金に奔走しました。

桃水先生との絶交事件の反動のように、あちこちから借金しまくります。

親友イナツや歌子先生にも遠慮なく借りた。なんていうか、桃水先生とわたしを引き離した萩の舎の世界が憎かったんです。

生活費の借金だけでなく、亡き父が残した負債の債務者にも毎月利子をつけて返さなきゃいけなくてね。利子の2円（2万円）ほどしか払えない月もあって、本当に苦しかった。

知人から借りた10円（10万円）で負債者にいくらか返済し、別の知人から借りた15円（15万円）で最初に借りた知人へ10円（10万円）を返済するなんて日常茶飯事です。

残りは生活費にしたらすぐに消えちゃって、また違う人に借りたりしましたね。

もう家計はめちゃくちゃでしたね、笑っちゃうくらいに。ドタバタですよ。

しかもそんな状況なのに、母は知り合いに困っている人がいたらお金を貸しちゃって、私も「いいことしましたね」なんて言っていたんですからもうムチャクチャ。

でもね、これが樋口家にとって当たり前だったんです。

一流雑誌への掲載が決まり本格的文壇デビュー

桃水先生の手を離れたわたしは、もう自分ひとりで小説家への道を歩むしかありませんでした。頭痛、肩こり、借金という三重苦に苦しみながらも、7月から9月にかけて全身全霊をかけて執筆しました。

これが『うもれ木』という小説で、陶器の絵付け職人の次兄虎之助をモデルにしたんです。やっぱり題材は自分の身近なものが書きやすいですね。陶器の絵付け職人とその妹、そして二人を騙す悪人の話で、兄から業界のことなど話を聞き書きました。

田辺花圃さんに原稿を託すと早速、『都の花』編集部へ持って行ってくれた。

どうなるだろうか……

またダメだったらどうしよう。

ここまで何度もチャンスをつかみ損ねてきたので、不安しかありません。

結果が出るまでの間、わたしは毎晩祈って眠りにつきました。

そんなふうに暮らしていた1892年（明治25年）9月23日のこと、『都の花』の結果に先立って別の朗報が舞い込んできました。

遠い親戚にあたる方が、山梨で甲陽新報社という新聞社を設立していて、そこから新聞連載小説の依頼がきたんです。すぐに6回分を書いて送りました。この作品が『経つくえ』でした。

そして同年10月2日。ついに運命の日がやってきます。

田辺さんから手紙がきたのです。

郵便配達人から手紙をひったくるとわたしは息を呑み、手紙を読んだ。

そこには『都の花』に『うもれ木』の掲載が決まったという金港堂からの知らせが書かれていました。

採用です！

やっと、文壇デビューを果たしたのです。しかも一流雑誌で。

心底ほっとしました。

自分の書いた小説が雑誌に掲載され、お金が入ってくるんです。

とてもうれしくて、うれしくて、泣きたいくらいでした。その夜は気持ちが高揚してなかなか寝つけませんでした。ちなみに原稿料は1枚25銭（2500円）で決まりました。

ざっと計算して10円（10万円）は入る予定です。

母に知らせると今度は母がわたしから手紙をひったくって知人宅へ走りました。そして今月分の生活費、6円（6万円）を借りることに成功したのです。

本当にひとまずですけど、家計も小説も急場のところ一安心しました。

20歳で人生大逆転のスタートラインに立つ

10月下旬、『経つくえ』が掲載された甲陽新報が届きました。

そして金港堂から『うもれ木』の原稿料11円75銭（11万7500円）が届けられました。お金が入ったらすぐに返済に走って忙しかったです。原稿料が入って初めて自分が文壇デビューしたことを実感しました。

18歳のときに作家を目指してから2年あまり。

夏子から一葉となり、一応作家と名乗れるようになったのです。

思えば無謀な挑戦をしたと思います。でもわたしは成し遂げた。

これを大逆転と言わずに何と言えばいいでしょう。

もちろん、これはスタートラインに立ったに過ぎないことは、ちゃんとわかっていました。デビューしたからって生活が楽になるわけでもありません。相変わらず借金しまくりです。

それでもわたしは自分の小説が世に出たことがとてもうれしかった。

お金のために小説を書いていることは事実だけど、お金のためだけに小説を書いているわけではなかったからです。

一葉の課題は筆が遅いこと……

ところでわたしが書く小説はほとんど短編なのですが、小説を書くにあたって、自分の課題に気づきました。それはものすごく筆が遅いことです。

筆が遅いのは、納得がいく文章が書けるまで何度も何度も書き直しをすることや、一字一句、細部にまでこだわる性格も影響してました。やっぱり自分の矜持に従って納得のいったものを書きたかったからです。

一に趣向、二に趣向、という趣向重視の桃水先生の指導はわたしには限界があったことも確かでした。そういう意味では師から飛び立ってよかったのかもしれません。

この際だから言いますが、わたしは桃水先生の小説をおもしろいと思ったことは一度もありませんでした。

ハッキリ言うならつまらない。あ、言っちゃった。

「読者が求めているものを書いたほうが売れる」と先生から何度も言われました。でもできないんです。

だからといって、納得がいくように書くと筆がものすごく遅くなる。

せっかくデビューを果たして原稿の依頼もぼつぼつとくるようになったのですが、この遅筆のせいで、樋口家の財政はまったく好転しなかったのです。

一葉、早くもスランプを経験する

1893年（明治26年）になりました。樋口家はさらに困窮をきわめます。

え、まだ貧乏話が続くの？　うんざりされた方もいらっしゃるかもですね。

原因はさっきもお話ししたように、わたしの筆が遅いことです。それによって収入が安定せず、ますます借金に走るようになってしまっていたのです。

母がわたしを責めたてます。

「いくら時間をかけて立派なものを書いたって、買い手がなければどうにもならないんですよ。納得いかなくても少しくらい辛抱して書きなさい。どうしてそんなに母さんを困らせるの？　何でもいいから、とにかく早く書きなさい」

わかっています。わかっているんだけど、筆が進まないんだから仕方ないでしょ！

それに何でもいいからって言われても、本当に何でもいいわけないし。心の中で言い返してみても母には何も通じません。夏子は母にはめっぽう弱かったんです。

わたしは早くもスランプに陥りつつあったんです。それはズバリ、お金と文学との葛藤でした。お金のために文学を利用してるんじゃないかって思えてきたんです。いや、お金のために書いているのは事実なんですが、ちょっと後ろめたくなってきたんですよ。そして小説が書けなくなっていた。


金港堂からは次は「和歌の世界の話を」なんて注文があった。

多分、歌の世界は華やかだと思ったんでしょうね。華やかは華やかかもしれませんが、現実はとうてい小説が書けるような優美な世界ではない。ドロドロの嫉妬や噂、人間関係などが入り混じっていて、うんざりしてしまいます。

桃水先生との噂事件もあったし、こんな世界を小説になんて。

いやいやいやいや。むりむりむり。書けない。書きたくない。

わたしは作家になれば、心の赴くままに好きなように書いて、それがお金になると思っていた。だけど、現実は違った。作家はこんなにも苦しい仕事だったなんて。甘く見ていたんです。しかもその厳しさを知らないままに文壇デビューをしてしまった。そしてわたしの想像以上に「一葉」は注目されるようになったのです。

「一葉」の名が独り歩きしていくのをうすら寒く感じるようになります。

そういえば、なぜ「一葉」というペンネームを使うようになったか、まだお話ししてませんでしたよね。

デビュー作の『闇桜』からこの「一葉」を使い始めました。

今の世では、「樋口一葉」と呼ばれているみたいですけど、わたしとしては小説家のペンネームはただの「一葉」でした。あとから勝手に「樋口」をつけられたんですよね。

「一葉」というペンネームを使ったとき、三宅（田辺）花圃さんはこう言ってくれました。

「大変、いい名じゃあありませんか、それは桐の一葉ですか?」

桐の一葉とは、俳句の季語によく使われる言葉です。中国の古典が由来で、桐が一葉落ちるのを見て、秋の訪れを知ることを言います。転じて物事の一端から全体の動きを知ることのたとえです。

このとき、わたしは彼女にこう答えました。

「桐の一葉ではなく、達磨さんの芦の一葉よ。理由は秘密」

この「達磨さんの芦の一葉」とは、禅宗の始祖であるインドの達磨大師が、中国に渡ったとき、揚子江を一葉の芦の葉に乗って下ったという故事からとったもの。

芦の葉に乗る達磨さんと、人生という波間を漂う自分とを重ね、またダルマさんもわたしも「あしがない（お金がない）」にかけたのです（達磨大師は座禅のしすぎで足が腐ってなくなったという伝説があり、選挙などで使うダルマさんのモデルと言われています）。

この頃、以下のような和歌もつくりました。


――我こそはだるま大師に成にけれ　とぶらはんにもあしなしにして――


とぶらはんというのは、弔い、つまり葬式のこと。知り合いの葬式にも足（お金、つまりお香典）がなくて行くことができない、と嘆いた歌なんですよ。

まったくお金がないってみじめですね。

あ、意味を説明しないのが一葉流だったはずなのに、説明してしまいました。

一葉、お金のために筆を置く

1893年（明治26年）6月半ばのことです。

前作、『雪の日』を仕上げてから3カ月経っても、次の作品に取り組むことができないままでした。せっかく小説家デビューしたのに、これでは意味がありませんね。もちろん樋口家の当主として生活費を稼ぐこともできずにいました。

借金に借金を重ねていたので、樋口家には信用もなくなっていった。断られることが多くなってしまったんですよ。そうなると他に打つ手を考えなくてはなりません。

家族会議のすえ、ひとつの結論を出しました。商売を始めることにしたのです。雑貨や日用品を売って小銭を稼ごうというのです。

優先すべきは今日明日の米、です。食べるために、生きてゆくために荒物屋を開くことにしたのです。そう、一時的に筆を置くことにしました。

そうは言っても、時期がきたらまた小説を書きたいと思っていました。生活のことは考えず、心の赴くままに書きたいものを書く。これができる境地になるまで、タイミングができるまでは、惰性で筆を執ることをしないだけの話です。

母には相変わらず責められましたけど、わたしは文学への志だけは曲げたくなかった。言われっぱなしだったけど、これだけは譲りませんでした。

もう、自分の心をごまかさない。食べていくために、食べていくためだけの商売を始めようじゃない。それで家族慎ましくも生活できるならそれでいい。少し余裕ができて書きたくなったら小説を書けばいい。

そう決心したのです。

樋口家、士族のプライドを捨て商売を始める

父が亡くなって以来、ずっと貧乏な樋口家でしたが、一応、士族という誇りを持っていました。

しかし商売をやるということは、その誇りを捨てる必要があります。そして店を出すお金もいります。

文句たらたらだった母の行動は早かった。父が昔、金を貸していた知人を訪ね、金を返済するよう申し込み、早速15円（15万円）の回収に成功したのです。こういうとき、頼りになるのはやはり母ですねぇ。

わたしも、大事に大事にしまっていた萩の舎の歌会のための着物を手放すことに決めました。売却で得たお金は全部で15円（15万円）也。歌会用の着物を手放したのは、萩の舎ともお別れしようと決めたからです。他にも家具を売りに出すなど、とにかく

商売の元手をつくるために、あちらこちらへ走り回りました。

同時に邦子を従えて店兼住居の物件探しを始めました。本郷よりも家賃の安い場所で、商売しやすそうな街を探します。そして重要なポイントは、萩の舎の人々など知人が来ない場所だということです。

士族の誇りを捨てる覚悟で商売を始めるつもりでしたが、やはり知り合いには見られたくなかったのです。なんというつまらない見栄でしょう。

東京界隈を散々歩き回って、結局は下谷・龍泉寺町（現在の台東区竜泉）の二軒長屋の一軒に決めました。敷金3円（3万円）で家賃は1円50銭（1万5千円）と、まあ手頃な金額です。商品を陳列する広さもあります。

すぐに本郷から龍泉寺町に引っ越しました。

季節はもう夏。7月になっていました。

ところで龍泉寺町は吉原遊廓の近くにあります。長屋は吉原へ向かう通りに面しており、夕方から夜になると表を走る人力車の音がすごいのなんのって。試しに数えてみたら、10分間でなんと75車も駆けてゆきます。

すごすぎます。吉原の吸引力。行く車は午前1時まで、帰る車は3時頃から響き始めます。以前の静かな住まい環境から一変しています。生活環境が悪い場所だとは予想はしていたのですが、こんなにもうるさいと夜もおちおち眠れません。

蚊も多くてねぇ。これには閉口しましたよ。隣には人力車夫たちが住んでいるようでこっちも音が気になった。龍泉寺町全体は吉原を中心に経済活動がまわっているようなものでした。貧しい人たちがたくさん住んでいた。

こんなこと言っては怒られそうですが、まるで塵の中のようです。でも塵の中にだって光は当たるものだと思いたかった。


この社会の底辺とも言える塵の中に入り込んだ経験が、やがて大きな小説の種になることに、このときのわたしはまだ気がついていませんでした。

貧困や差別という苦しみに耐えながらも懸命に生きてゆく人々、わたしはやがてその人たちに、小説という手段で光を当てるようになります。世間の金持ちたちに悲惨な現状を見せてやりたくなったのです。これは社会の底辺を目の当たりにして、くすぶっていた貧困とお金への復讐心がそうさせたのかもしれません。

樋口家、慣れない商売に奮闘す

8月6日。いよいよ荒物屋を開店させることができました。

扱うのは生活雑貨が中心です。マッチやたわし、石鹸、箸、ひも、歯磨き粉などこまごましたものを売って、わずかな小銭を稼ぐ日々が始まりました。子どもも多かったので駄菓子もそろえることにしました。

一日の売り上げは多くて40銭（4千円）から60銭（6千円）ほど。単価が低いし、元々がちまちました商売だから儲けもほとんどありません。しかもかなりの客を相手にしなければここまでは稼げず、疲労困憊でした。

貧乏暇なしとはまさにこのこと。頭痛も肩こりもますますひどくなりました。

そういえばこの頃、『文学界』から原稿依頼がありました。でもこんな状態ではとてもじゃないけど無理だった。あまりに忙しくてお断りの返事を出したかどうかさえも覚えていません。

そして季節は秋へ変わります。暦は10月になっていました。

この頃には近くの同業店が店を閉じたことも影響して一層多忙になりました。にわか商売にも慣れ、なんとか小銭を稼げるようになってきました。

すると、ほんの少し心に余裕ができました。

仕入れのついでに図書館に行き、本を読むようになった。店は邦子に任せて、仕入れを済ませると家ではとりとめのない文章を書くようにもなりました。

そんなある日のことです。10月下旬、平田禿木《ひらたとうぼく》さんがお店にやってきました。平田さんはのちに著名な英文学者になりますが、この頃はまだ一高（第一高等学校　現在の東京大学教養学部）の学生でした。わたしより1歳年下だけど、雑誌『文学界』の創刊に携わっていて、前年にも本郷の家に『雪の日』掲載の報を知らせに来てくれ、文学談議に花が咲いたことがあったのです。

そもそも『文学界』に載ったのも、平田さんが『都の花』で『うもれ木』を読んで、主宰者である星野天知さんにわたしの存在を「異彩あり」と知らせてくれたのがきっかけだったのです。

当時の『文学界』は、『都の花』よりも発行部数も知名度もありませんでしたが、同人には、北村透谷、馬場孤蝶、島崎藤村など未来の有名作家が顔を揃えていました。

転居以来、初めての文学仲間の訪問にとても懐かしい気持ちになりました。まだ「一葉」を覚えてくれていることがうれしかった。平田さんと文学の話をするうちに再び小説を書いてみたいと思うようになりました。刺激を受けたのです。

しぼんだ風船に空気が入るように、懐かしい創作欲が首をもたげました。

そして彼の熱心な勧めもあり、来月の『文学界』用に必ず原稿を書くことを約束したのです。この平田さんの訪問が再びわたしを創作へと向かわせたのです。
創作はとても孤独な作業です。だから同志の存在はとても心強いものなのだと、しみじみと思いました。

店を畳んで引っ越しへ

年末年始は恒例の年越し費用騒動がありましたが、何とか年を越した1894年（明治27年）。

なんと近くに同業店ができたのです。お客さんはかなり流れていってしまいました。そうでなくても、ギリギリの生活なのに、ますます貧乏になっていきます。

そんな中、妹の邦子が商売をやめて引っ越そうとしきりに勧めてくるようになりました。要はちまちました客商売に飽きたのですね。母もそれに乗っかります。もうこんな生活は嫌だとか、長屋じゃなくって門がある家に住みたいとか、柔らかい衣類を着たいとか、邦子と肩を組んで訴えるんです。

そんなことわたしだって同じですよ！　だけど、じゃあ収入はどうするのか？　店を閉じてしまったら確実にお金が入る当てもないのに。

それでも、家族会議で結局は店を畳むことにしました。

やっぱりわたしたち、生まれつきの貧乏じゃないから、どこか甘いんでしょうね。士族の商売ってやつです。

わたしも実を言うと、もっと静かなところで小説が書きたいと思っていたんです。この頃、『文学界』の星野さんや平田さんらがしきりに小説を書くように勧めてきてくれたことも影響しています。星野さんなんか手紙で「敵に後ろを見せるのか」なんてはっぱをかけてきたっけ。わたしの負けず嫌いな性格を見抜いてますよねぇ。

そんな感じで店を畳んで引っ越しをすることになった。またいつものように金策に駆けずり回り、何とか引っ越し費用を捻出しました。

歌子先生のもとへも挨拶に行き相談し、4月から月2円（2万円）の報酬で萩の舎で助教を務めることで話がまとまりました。

歌の世界に戻ることができたのはうれしかった。

実は歌の道を捨てると啖呵を切ったものの、未練たらたらだったんですよ。

5月1日。本郷の丸山福山町へ転居しました。結局、商売は10カ月で終止符を打ったのです。開店費用に50円（50万円）、撤退費用に50円（50万円）。商売をしている間もたいした儲けはありません。またもお金に負かされた気分でした。

新しい家は崖下にあり家賃は3円（3万円）と高いけど、住みやすそうな家だったので即決しました。3部屋あるし来客があっても大丈夫。小さいけれど池もあった。家も含めて周辺は田んぼを埋め立てた土地なので、まるで水の上にいるようでした。引っ越すと決めたら早く塵の中から脱出したかったのです。お金のことはいつものようにそのときに考えればいい、そう覚悟を決めました。

塵の中にいたといえど、なんだかんだで『文学界』へ寄稿をしていたし、細々ではあるけど作家業を続けられていたことがわたしにとっては自信だった。

お金のために書くか否かではなくて、文学として妥協しないこと、よりよいものを書こうと努力する姿勢が大事なのだと思うようになったのでした。納得のゆくものが書けたらあとはどうなろうがわたしには知ったこっちゃない。

そうやってわたしは命が尽きるまで、書ける限り書き続ければいいと思ったんです。そうしたらなんか吹っ切れたというか、心がずいぶん軽くなりました。こんな心境になれたのは紛れもなく、塵の中を潜り、そこから抜けた体験があったからです。

わたしはたくさんの名作を生み出す一歩手前まで近づいていたのでした。

貧困、身分差別、職業差別、男女差別、腐った社会。すべてにお金が絡みあっているということ。書きたいものはわたしの生活のすぐ傍にあったのです。

作家、一葉の機が熟すのはもうすぐでした。

一葉、作家の機が熟す

家計は相変わらず火の車。借金の自転車操業が続きます。

萩の舎の助教だけでは当然食べていけない。週に1回、知人に『源氏物語』などの古典文学を講義するようになり、わずかな謝礼がいただけました。

その合間に『文学界』用の連載小説の執筆に勤しみました。7月から11月まで『暗夜』、12月に『おおつごもり』を発表。同時に金策に走ったりもして忙しかったなあ。

そんな感じで明治27年も気がつけば秋から冬になろうとしています。この頃わたしの作家としての機が熟したのでした。まるで秋の実りのように。このとき22歳でした。

1895年（明治28年）1月、『文学界』にて『たけくらべ』を発表、連載がスタートしました。わたしの代表作なので名前くらいは聞いたことありますよね？　ない人はあとで読むこと。

その後4月、5月、6月、8月…とコンスタントに作品を発表しまくります。媒体も『文学界』以外にも増えていました。毎日新聞や読売新聞、文学館という出版社の雑誌『太陽』『文芸倶楽部』など。随筆も書いたっけ。『文学界』のメンバーを中心に様々な人たちが毎日のように樋口家にやってくるようにもなります。

すべて男性ですけど、文学の話などが大いに刺激的で盛り上がりました。普通なら若き独身の女の家に入り浸るなんて、と非難されるかもしれませんが、そこはわたしは戸主なので堂々と振る舞うことができました。その中で何人かはわたしに異性として好意を持っている感じがしたのですが、そこらへんは適度な距離で一貫してかわします。ちなみに文学仲間からはお金は借りませんでした。というよりお金の話はしなかった。やっぱりね、そこは分けて接したかったんです。わたしより年下の人もいたしね。

わたしの創作の原動力となったのは間違いなく「怒り」だったと思います。

うっぷん。理不尽な社会の底辺で暮らすたくさんの人たちを見てきました。自分さえも貧乏に苦しんだ。今も苦しんでいる。その怒りが堆積し、時間に発酵され、書きたいものがわかったんですね。文学という手段で一石を投じたかった。自分自身の怒りと、他人の怒りや嘆き悲しみが共振したんです。

わたしにできることってなんだろう、そう考えた。

今の社会に訴える書き手になろうと思ったんです。高等遊民的な金持ちの道楽作家に書けないことを書いてやろうじゃないの、と。

わたしは塵の中で暮らしてその生活を見てきたという実体験がある。自分が貧困に苦しんでいるという実体験がある。これが武器だと思いました。「怒り」「苦しみ」という一見マイナスな体験や感情も、使いようによってはとんでもないエネルギーになるのだと思います。

楽しいことやうれしいことばかりでは、生き抜く知恵やしたたかさ、図太さは身につかないでしょう。お金が有り余っていたら、お金を得るための苦労なんて一生わからないでしょうね。

わたしは高みの見物的な作家にはなりたくなかった。

貧乏を地でいく貧乏作家でいいじゃないと思いました。

敏腕編集者によって名が知れ渡る

さて、わたしの名が世間に広く知れ渡るようになったのは、わたしを売り出そうと尽力してくれた敏腕編集者がいたからです。「博文館」の大橋乙羽《おおはしおとわ》さんでした。博文館は1887年（明治20年）に創業された出版社で、『太陽』『文芸倶楽部』などを発刊し、春陽堂と並び当時の出版界をリードする存在でした。大橋さんは、日本で編集者という仕事を確立した最初の人と言っていいでしょう。

博文館は文芸誌に女性読者を引き込もうとしており、女性の作家を探していたみたいだったのです。そんなとき、半井桃水先生の推薦もあって大橋さんが原稿依頼をしてきたのです。

わたしから一方的に絶交したにもかかわらず、桃水先生は相変わらず応援してくれていることを知ってどんなにうれしかったことか。

大橋さんはとにかく「一葉」を世間に売り出そうと全力を尽くしました。1895年（明治28年）12月、彼は『文芸倶楽部』臨時増刊号で「女流作家特集」なるものを組み、そこにわたしの作品とともに写真までも掲載しました。

正直、写真は載せたくなかったのですが、押し切られる形でしぶしぶ承諾しました。写真を載せたことは結構批判があったのですが、それも含め「一葉」は注目の的になった。これは3万部以上売れたそうです。再版もかかるほどだったとか。

ある程度予想はしていたことですが、「一葉」の名やイメージがどんどん独り歩きしていくことに怖ささえ感じました。名が売れるとはこういうことかと思った。

これもそれも大橋さんの手腕のすごさですねぇ。彼は樋口家の困窮も知っていたので、以前別の媒体に掲載したものを改めて一括掲載することなども勧めてくれた。それによってわたしのまだ無名時代の知られていなかった昔の作品も読まれるようになった。

わたしは少しの手直しだけで収入につながった。これにはありがたかったですねぇ。奥さんも協力的で和歌を習いに来てくれたんですよ。それも収入につながった。

大橋さんは絶対に原稿料の前借りやお金を貸すことはしませんでした。でもその代わりに仕事をくれた。あくまで編集者と作家という立場を守りつつ樋口家の家計を助けてくれていたんです。あるとき父の七回忌で30円（30万円）の法要代が工面できなくて、原稿料の前借りを頼んだんです。すると書きかけの原稿か旧作が何かあれば、それと引き換えに原稿料をくれると言うのです。わたしはすぐに書きかけの原稿を送り、お金を得ることができたのです。

わたしは彼の並々ならぬ熱意に応えようと懸命に取り組みました。大橋さんの仕掛けに乗ってやろうと思った。

今まで地底深くに眠っていた源泉が噴出したかのように、一心不乱に筆を動かしました。頭痛・肩こりは変わらずひどかったけど、身体はボロボロだったけど、わたしの魂は、命を削っても書くことを求めていました。

この期間は後に「奇跡の14カ月」と呼ばれているみたいですね。ほんの1年ちょっとの間でしたが、わたしは充実した作家人生を送ることができました。

一葉ブーム到来

さてさて、明治は29年（1896年）になります。大橋さんの仕掛け力によって、名声が高まり一葉ブームが起こりつつありました。

4月、『文学界』で連載された『たけくらべ』などを博文館の雑誌で一括掲載すると、幸田露伴さんや森鷗外さんなど、有名どころの作家や批評家の方たちが一斉にわたしの作品を絶賛してくれたのです。

これが決め手になり、一気に一葉ブームが巻き起こったのです。

読者からの手紙がどんどん増えていきます。

出版社には「一葉」の書いた原稿が欲しいと詰めかける学生たちが現れたそうです。我が家への訪問者も増えました。女性の読者からはわたしのように小説を書きたいとの相談の手紙が相次いできました。わたしはこんな博打な職業はやめなさいと返信しました。

そうそう、わたしの書いた門の表札が盗まれもしたんです。

教育界の人間たちはわたしが書く作品の内容が気に入らないみたいで、もっと教育的なものを書けと忠告してくる人までいたんですよ。

称賛があれば必ず批判もある。有名になれば嫉妬もある。わたしはそれを心得ていたので常に冷めた目で世の中を眺めていました。萩の舎の歌子先生までも新聞の批評でわたしの作品をぼろくそにこき下ろしていたのですから。

人の表面上の言葉には揺れ動いたりはしまい、と心を石のように固くしていました。人の気持ちほど移ろいやすいものはないのだから。そういえば、わたしがある作家と婚約して尾崎紅葉先生が仲人になるとか、根も葉もない変な噂も立ちました。

不思議ですが、これだけ一葉ブームがきても、樋口家の貧困状態はあまり変わりませんでした。借金も相変わらずしていました。原稿料、結構入ってきてるはずなんですけどね。

肺結核に侵される

元々わたしは体が弱かったにもかかわらず、執筆のため徹夜するなんてこともざらにあったので、知らず知らずのうちに体に無理をかけていたのかもしれません。

気がつけば1896年（明治29年）の3月、4月頃より肺結核の症状が出ていました。次第に横になっている時間が多くなりました。それでも訪問者が来ると話をしたりご飯をもてなしたりしました。もちろん調子がよいときだけですが。日記が毎日書けなくて、調子がよいときにまとめて書くようにもなりました。原稿の注文がくると、できる限り机に向かって書きました。

7月にはもっと容態がひどくなった。うっすらと、自分は兄と同じ道を辿るのだろうと思いました。この月には随筆を『文芸倶楽部』に発表しました。

8月、駿河台にある山龍堂病院に行きました。邦子はわたしの病状について別室で院長と話をしていました。戻ってくると、どうも怪しい。うろたえている様子がわかった。そこで、自分はもう長くはないのだと悟りました。姉妹だから隠しても無駄なのにねぇ。でもわたしはその芝居に乗ってやった。

9月、わたしは高熱に侵されながらも萩の舎へ行きました。歌会に出席するためです。苦しかったけど、どうしても出席したくてね。歌はわたしの原点だったから。

10月になるともう意識が曖昧な時間が多くなりました。寝込んで起き上がることが困難になった。知り合いが森鷗外さん経由で有名なお医者さんの診察を頼んでくれた。もう無駄なのに、と思っていましたけどね。邦子は一層打ちのめされたような顔をしていたっけ。だから無駄だと言ったのに。たくさんの知り合いたちが代わる代わる見舞いにやってきました。目を開けるもの難儀で耳もよく聞こえなくなったので、邦子が会話を取り次いで耳元でささやいてくれました。

そして11月23日の午前、わたしは完全に意識をなくしました。24歳6カ月で生涯を閉じたのです。あっけないものでした。

越えられなかった壁

このように命を落とす寸前のわずかな期間だけ作家と呼べる活動をしたわたしでしたが、実はどんなに魂を削って小説を書いても越えられない壁にぶつかっていました。

それはわたしが「女」ということ。

よく夢を見ました。その中でわたしは思ったことや意見を自由にハッキリと話します。相手もわたしの意見に耳を傾けてくる。しかし、夢から覚めるとたんに、自由に意見ができなくなる。女の身だから言えないことが多すぎて。女ということはこの社会ではとても窮屈で制限が多くて、なんだかむなしさを感じていました。でもわたしは女の身でギリギリのところまで戦ったと思うんです。

ある人に言われたことがあります。

わたしの書く小説の世界は冷笑に満ちている。熱い涙を流したあとの冷笑だから、本当は涙でいっぱいなのだと。人間一度は涙の淵に沈むことはあるが、泣いたままで終わるわけにはいかない。あなたはそのことを知っていると。わたしの世界はまさにその境地だって。

そのときは、笑って聞き流しましたけど、なかなか鋭い指摘だなと思いましたね。一葉の小説がそうかはわかりませんけど、夏子の人生はまさにその境地ではないのかと思います。

わたしにとってお金とは

さて、そろそろ講演も終盤にさしかかってきました。

わたしにとってお金とはどんなものだったのか。

現実的に生きていくにはお金が必要です。わたしも家族もずっとお金に振り回されてきました。でも振り回されたからこそ、お金がないこと、理不尽なことへの怒りが湧き、時として貧乏を笑い飛ばしながら、生きるエネルギーに変えてきました。そのエネルギーを言葉に込め、小説を書きました。

わたしにとってお金とは単に「生活費」です。

大金を得て贅沢な暮らしをしたいわけでもない。生活水準はそこそこでいい。家族を養っていくだけのお金があればいいと思っています。それはわたしが、生前は家族を養うだけのお金さえも得ることが難しかったからです。

いいですか。お金というものは心を満たすものではなく、生活を満たすものです。

わたしは、どんなに裕福でも心が満たされていない人たちをたくさん見てきました。

生活の豊かさはお金に求めればいい。しかし、心の豊かさはお金では買えません。

夏子はお金を求めていました。しかし一葉は心を求めていました。

一葉は職業作家だからお金を求めていたんじゃないの？

夏子のほうこそ心の豊かさを求めていたんじゃないの？

そんな声が聞こえてきます。

一見そうとも見えますよね。しかし、一葉がやっていることは営利活動だけど、小説の中身は違いました。小説の中で心を探っていたのです。ふふふ。矛盾でしょう？

でもですね、その二つの矛盾の車輪を噛み合わせることは可能なんです。

わたしは矛盾を包括することができた。だからこそ、貧しくてもお金に負けず、クリエイティブに活動できたのだと思います。

お金を求めることと心の豊かさを求めることは、時として矛盾することがあります。

でも、ハッキリ申しあげます。矛盾に悩むことは無駄です！　時間の無駄。

それよりも矛盾を抱えながらどう生きていくか、が大事なのですよ。

誤解を恐れずに言えば、矛盾こそ人生だと思うのです。

お金の悩みは夏子の悩みであって、一葉の悩みではない

わたしは「一葉」として小説を書くようになって、「夏子」と「一葉」を次第に分けて考えるようになりました。人格を使い分けた。まるで仮面を付け替えるように。「仮面」は誰にでもありますよね？　そしてそれを無意識に使い分けている。これが結構便利というか、効用があったんですよねぇ。わたしが人生大逆転できた秘訣かもしれません。

夏子の人生は戸主として家族を養う義務があり、日々金欠と借金に翻弄されます。でも「一葉」は違う。一葉が悩んでいいのは文学のことだけ、と決めたんです。文学以外のあらゆることは知らない！　って無理やり決め込んだ。夏子がどれだけ「ああ今日もお金がない（泣）」って嘆こうが母に叱られようが、知らんぷりした。そして「お金の悩み」から解放された一葉は、執筆だけに集中できるようになりました。

要するに、やりたいことをする自分（夢に向かう自分）と、生活者としての自分を切り分けることができたんです。

そして互いが互いを冷静に観察していました。夏子は一葉の文学の悩みを、一葉は夏子の恋やお金の悩みを鑑賞した。幸も不幸もひっくるめて、自分で自分の人生を鑑賞した。まるでひとつの小説や戯曲のように。干渉じゃなくて鑑賞ですよ。で、わた

し気がついたんですよ。苦難って鑑賞する価値があるんだって。
「夏子」の苦難は「一葉」の文学のために価値があったんです。

わたしはずっとお金や貧困を敵のごとく憎み、まるでそれらと戦うように生きてきましたが、もっと大事なことが見えたのです。お金との戦いよりも、そんなことよりも、自分の人生との戦いのほうがはるかに重要だったんです。
わたしにとっての人生の戦いは、「一葉」として小説を書き続けることでした。

いいですか? わたしは人生に勝て、とは言いません。負けるな、と言いたい。

人生に負けなければ、いろいろな悩みにも決して負けることはないんです。要するに、人生をあきらめるなってことです。あきらめなかったから貧乏を創作意欲にして人生逆転できたんです。

あきらめたくなったら、怒りましょう！　笑い飛ばしてやりましょう！　長い人生のひと場面やひとつのエピソードにすぎないのだと思って。怒る自分、笑う自分、悲しむ自分を楽しみましょう。これが、お金に限らずこの世のあらゆる悩みに足をとられないコツだと思います。楽しむことができる人は最強ですよ。楽しめば負けない。これもひとつの真理かもしれませんね。

あなたたちの中にはたくさんの物語があり、それは重層的に展開してどこかでつながっているんです。主人公も作者も自分です。そう考えれば不自由に見える人生も、どこか自由の余地があるように思えてきませんか？　いくつもの人生の可能性が自分の中にあると思いませんか？　いえ、あるんですよ。まだ眠っている物語さえもね。

最後に一言。女子のみなさん。男子に負けず大志を抱きましょう！

はい。金運大吉です。
樋口先生ありがとうございました。
いやあ、素晴らしい。実に素晴らしかったです。
貧乏のどん底にもめげずに、
クリエイティブなモチベーションを保ち続けた。
なかなかできることではありません。
そして講演を聞いたクールなヒグチさんの心にも、
何らかの火をともすことができたでしょう。
彼女がこれからどう変化していくのか、楽しみですねぇ。

講演会まとめ短歌その①
サラサラサラ
金がない～
ちゃんと返せよ
ありがとうございます
その足で
お返しします
おう
でも私には希望ある～
自分が納得いく小説を書く！
そのともし火を消さないように～
生活の豊かさはお金に求めればいい でも心の豊かさはお金では買えないの
講演会まとめ短歌②
サラサラサラ
この苦難～
妹
おねーちゃんモチ食いて～
今年中に返さなくちゃいけない借金まだあるぞ～
母
年越せないかも！
長いじんせ（人生）のひと場面～
父の死
桃水先生との出会い
いまココ
年越せないかも
『たけくらべ』大ヒット!!
怒って笑って楽しんでゆけ～
ふざけんな
一昨日こーん!!
ハハハ
まあ何とかなるか～
さあ夏子、このピンチどう切り抜ける？
自分を客観的に見てる

エピローグ　わたしの生き方改革

目が覚めると、まだ真っ暗だった。
一瞬、自分がどこにいるのかわからなかった。
樋口一葉の講演会があまりにリアルだったからだ。
なんだかとても不思議な気分だった。
全身にじんわり汗をかいていた。

夢の中で一葉が話していたことが、どこまで本当のことかわからない。
でも、あれはきっと夢じゃない。わたしにはわかった。
5千円札に屈辱を感じたわたしのために、
一葉がやってきて、話してくれたのだ。

思い切って質問すればよかった。怖くなかったのかと。

貧乏のどん底で、成功するあてもないまま小説を書き続けることに。

わたしと彼女の生きた時代や境遇を比べたら、わたしのほうが圧倒的に有利だ。
小学校を中退せざるを得なかった夏子に比べて、
わたしは大学まで出させてもらった。
親が残した借金もないし、扶養家族もいない。

わたしは自分を舐めていたのかもしれない。
自分を舐めるということは、自分の能力を信じていないこと。
最初から負けを認めるということだ。

好きなことをしてお金を得ている人。
好きなことをして生活をしている人。
そんな人たちのことが、わたしはうらやましかった。
わたしにだって好きなことはある。
でもそんな簡単に仕事にはならない。

石にかじりついてまでそれを仕事にしようという根性もないし、
そんなのカッコ悪いと思っていた。
だとしたら、すべてあきらめてクールに振る舞うほうがましだ。
だから何事にも熱くならず、人生を、仕事を、舐めたフリをした。
一葉の言葉を借りれば、「人生に負けた」と勝手に思い込んでいた。

もしかしたら。
暗闇を照らす光のように、ひとつの考えが浮かんだ。
わたしも仕事を舐めずに、女子である自分を舐めずに、
本気で取り組んでみたら何か変わるかもしれない。

要するに、向き合うのだ。
自分の人生に。

一葉は文学に逃げていたんじゃない。
うまく「夏子」と「一葉」を使い分けていたのだ。
それは逃げではなく、工夫であり知恵だ。
貧困に負けず、「心」と「お金」の両方をバランスよく求めるための。

わたしはベッドから起きあがり、カーテンを少し開けた。
まだ太陽は昇っていない。
テーブルの前に正座し、5千円札を手に取って一葉を見つめた。
あんなに貧困に苦しまされたのに、
死後、こうやってお札の顔になるって、すごい逆転力だよね。
明治時代という、まだ女性の自立が困難な時代に、よくやったよ、と思う。
一葉のほうが、令和を生きる今のわたしたちより、圧倒的に自由ではないか。
わたしだって一葉のように生きてみたい。

ふとタナベさんのことを考えた。
彼女はなんでわたしにイラストの仕事を頼んだのだろう。

なんで、わたしにだけ5千円札をわたしたんだろう。
そもそもなんで卒業式に声をかけてきたんだろう。
なんで自分の卒業生制作展に呼んだんだろう。
一葉先生の講演を聞くまでは、イジワルをされているのかなと思った。
でも、今になって、それはなぜか違う気がした。
今度ちゃんと話をしてみよう。ひょっとしたら、
わたしの心に火をつけようとしてくれているのかもしれない。

カーテンの隙間から差し込んできた太陽の光が、
ちょうど目の前の樋口一葉の肖像を照らした。
応援してくれている、そんな気がした。
今日から舐めずに仕事に取り組もう。
仕事もわたしの大事な人生の一部だ。
女であることに甘んじない。損得で考えない。
できることを精一杯やるのだ。
そしてもう一度、イラストにも向き合ってみよう。

二つとも真剣に取り組んでみたら何かが変わるかもしれない。
人生を負けたままで終わらせないために。

その日からわたしは仕事を頑張りだした。
やらされていると思わずに
自分の頭で考えて、自分から仕事を取りにいくことにした。
それまで興味がなかった会社にも、社員たちにも、関心を向けた。
そうすると見える景色が大きく変わった。
社員たちもひとりひとり、大変なんだなと気づいた。
いつのまにか、社員から相談を受けることが増えてきた。
ある新入社員のプレゼンの予行演習に付き合ってあげたりもした。

イラストにももう一度、真剣に向き合ってみることにした。
ペンネームを考えてネットで発表していくことにした。
まだまだ少しだけど、ＳＮＳのアカウントをフォローしてくれる人も増えた。
時々うれしいコメントももらえる。

プロになってお金を稼いで生活することだけが
イラストと関わる道じゃないかもしれない。
そう思えるようになってきた。
わたしが一番欲しかったのは、何かに没入しているという感覚だったのだ。

先日、生産管理課の主任が話したことを
イラストで図解してあげたら、ものすごく喜んでもらえた。
「ヒグチさんにそんな才能があるなんて知らなかった」
才能なんて大げさすぎるけど、そのとき、ふと気づいた。
イラストが描けるという技術と何かを組み合わせたら、
人に喜んでもらえる仕事になるかもしれない、と。
まだこれだという確信が持てることはないけど、
わたしのライフワークになるかもしれないという予感がした。

新しく始まった令和という時代。
「お金のために割り切って仕事をする」

そんな時代はもう終わるんじゃないかと思うようになった。
じゃあ何のために仕事をするのか？
口に出すのは恥ずかしいけど、幸せになるために仕事をするんだ。
きっと一葉も貧困と戦いながら、
「なにくそ」と思いながら、
懸命に幸せに生きようと模索していたのだ。

「男子に負けず、大志を抱け」

一葉の最後の言葉を再び思い出した。
自分で自分の人生に覚悟を持てということだ。
自分の足で幸せになる覚悟を持て、と。
そしてわたしは、遅ればせながらその一歩を今、踏み出した。

はい、金運大吉です。

続いては、会社に入ってはや7年。

いつの間にか飼い馴らされて、

いつの間にか学ぶこともやめてしまっていた男です。

学びを放棄した人間を揺さぶることができるのは、

もちろん、この人しかいません。

ちょっとわたしが行って金運大吉劇場に案内しましょう。

諭吉篇

若者

フクザワくん

某飲料メーカー入社７年目の主任。残業も多いが、給料のためだけにとりあえず働いている。社畜の鑑。学歴コンプ。

第3幕

福沢

教わる先生

福沢諭吉先生

啓蒙思想家、教育者。慶應義塾をはじめ多くの教育施設創立に関与。ほか、中央銀行や生命保険、複式簿記の概念も紹介。代表作は『西洋事情』『学問ノススメ』。1835-1901 年。

会社にしがみついていたら未来はありません！
起業って意外と簡単なのよ
独立独立独立独立
ガタンゴトンガタンゴトン
成功者たちは簡単にこういうこと言うんだよな
ガタンゴトン
ガタンゴトン
俺だって就職当初は「こんなブラック企業辞めてやる」って思ってた
でも
会社
踏み出せなかった
今では
順応してる
さあ働きましょう〜

プロローグ

俺たちのあきらめモード

「給料」は、人を依存させる麻薬。
これが今の俺の持論だ。
月末の給料日が近くなると、そわそわする。
禁断症状におそわれているのだ。
そして給料が振り込まれると、ひとまず落ち着く。
でも1週間経って月が変わるともうダメだ。
次の給料日までだんだん禁断症状が増してくる。

こんなことを毎月、毎年、繰り返しているうちに、
心に刷り込まれる。
「給料がないと生きていけない」
そして会社にしがみつく。

お金がないと生きていけないのは事実だ。
でもそのお金は、必ずしも「給料」でなくてもいいかもしれない。

何かの本で読んだ。
起業した人の90％以上が、10年以内に廃業に追い込まれるそうだ。
もちろん、廃業には多額の借金がつきものだ。
正直、怖い。

社会の成功者たちは、簡単に若者の起業を煽るようなことを言う。
言うのは簡単だが、責任を持つのは自分自身だ。
そのリスクを成功者たちが負ってくれるわけではない。
だから俺は会社員を辞めない。
会社を辞めてまでもやりたいことがない、というのも大きな理由なんだけど。

俺は飲料会社の生産管理課で働いている。
今年で入社7年目、20代最後の年だ。

といっても、みんなが知っているような大企業じゃない。
親会社のパチンコ屋が副業でやっている、
ミネラルウォーターの製造販売をしているだけの小さな飲料会社だ。
自社ブランドなんてないも同然で、
いろいろな企業から委託されて製造している。
同じ水がいろいろな会社のいろいろな名前で売られているんだ。
水なんて原価ゼロみたいなものだから儲かるはず、
という目論見で参入したらしいが、これがさっぱり儲からない。
ミネラルウォーターの工場なんてちょっと設備投資したら、
誰でも参入できるから、うちのような小さな会社がゴロゴロある。
結局、価格競争するしかない。
すると、作っても作っても儲からない。
貧乏暇なし。そのしわ寄せが従業員にくる。
正直言ってブラックだ。
とにかく基本給があまりにも低い。
毎日残業をしなければまともな給料にならない。

だから、みんな、残業を受け入れている。
そうしなければ暮らしていけないからだ。ボーナスも雀の涙。
俺の勤めるセクションはカレンダーどおりの出勤だからまだマシなほう。
製造部門なんて、日勤と夜勤を４勤２休で延々と繰り返す。
しかも12時間拘束だ。
残業をすることが当たり前に勤務体制に組み込まれている。

そもそもなぜこんな会社に就職したのか？
一番のつまずきは大学受験だと思う。
自慢じゃないけど、中学高校と成績はよかった。
俺には行きたい大学があった。
そう、かの福沢諭吉がつくった、あの学校だ。
ちなみに俺の苗字もフクザワだ。
残念ながら親戚でも何でもないけどね。

「天は人の上に人を造らず、人の下に人を造らず」

中学生のときに、その言葉を知った。
諭吉カッケーと思った。
夏休みの自由研究で福沢諭吉のことを調べた。
調べてわかったのは、
やっぱり諭吉先生はすごいということ。
一生のうちに、どれだけ多くの仕事をしてんだよ。
とても1枚の模造紙には収まりきらないくらいの業績だった。
さすが35年間、日本一の高額紙幣の顔になっているだけある。

諭吉先生は、欧米の言葉や概念にあてはまる
さまざまな和製漢語を考えたことでも知られている。
何より俺がしびれたのは、
英語の「フリーダム」「リバティ」に対して、
「自由」という訳語をあてながら、本当にそれでいいか散々悩んでいるところ。
「自主・自専・自得・任意・寛容」といった言葉では、
本来の意味を表し尽くせないとしつつ

「自由というのは何をしてもいいということじゃない」

「自由とワガママは違う」

「他人の自由を妨げるのは自由じゃない」

「自由は不自由の中にあり」

などと、いろいろと注釈をつけているんだ。

「フリーダム」「リバティ」という言葉を「自由」と訳すことで、みんなが「好き勝手してもいい」と解釈しないかを怖れたんだな。

そういう部分も含めて、俺は諭吉先生に心酔した。


当然、諭吉先生がつくった大学に入学できると思っていた。

模擬試験ではいつもA判定だった。

しかしなぜか落ちた。

他の大学はすべて合格したのに。

合格した大学の中には、W大学もあった。

親もまわりもみんなW大学に行けと言った。

一流大学じゃないかと。

でも、俺は諭吉先生の学校でなきゃイヤだった。
だから浪人した。

諭吉愛が足りないのかと思い、
大分県中津にある福澤諭吉記念館まで行ったこともある。
財布にはお守り代わりに新札の1万円札を入れて、
絶対使わないようにしていた。
何かあるとその1万円札を眺めた。
製造番号も暗記してしまうくらいに。

そして翌年。受けることのできる学部はすべて受けた。
他の大学は受けなかった。
どうせ行くつもりもないのに受けてもムダだと思ったからだ。
模擬試験はずっとA判定だった。
なのに、やっぱりすべて落ちた。
なぜだ？　俺は諭吉先生に嫌われているのか？

流石に二浪は人目があるからと、親の勧めで二次募集がある大学に入った。
いわゆるFラン大学というやつだ。
「一応そこに籍をおいて、もう一度受験してみたら？」という提案にのった。
しかし、人はその環境にすぐに順応する。
仮で通うつもりだった大学は居心地がよかった。
受験勉強を続ける気力はなくなった。
別に大学なんてどこだっていいと思うようになっていた。
諭吉先生も言っているように
「天は人の上に人を造らず、人の下に人を造らず」
なのだから、それでいいじゃないか。
しかしそれが嘘であることは、就職活動のときに思い知らされた。
ちょっと大きな会社だと、大学名だけで確実に書類で落とされる。
ていうか完全にバカにされる。
「なんだよ諭吉！」
ある日、俺はお守りに持っていた一万円札を使った。

すごくせいせいした。


そんなこんなで結局この会社に就職したってわけ。

最初は「こんなブラックな会社、いつか辞めてやる」と思っていた。

しかし、どんなに少なくても、給料という名の麻薬を支給されていると、それに依存してしまう。

毎日消耗し疲れているにもかかわらず、いや消耗して疲れているから、給料という麻薬なしでは、もうやっていけない体になってしまった。

同期の半分以上は辞めたが、俺は辞めるタイミングを逃して7年経った。

今は主任というポジションだ。

よく言えば「順応」した。

普通に言えば、俺は完全にあきらめモードになっていた。

いや、俺だけじゃない。

この会社にいる人間は全員、順応してあきらめている。

最初は誰もがこの会社のシステムはおかしい、と異議を唱える。

しかし、日々体力をすり減らして心を消耗していくうちに、順応しあきらめてしまうのだ。

ある日うちの会社で、部署を超えての会議があった。
各セクションから適当に選ばれた人間が集められた。
テーマは「働き方改革」だ。
世の中は過重労働・過労死が社会問題になっていた。
うちの会社が「働き方改革」って笑ってしまうけど、
経営陣にとっては一応、アリバイづくりみたいなものだろう。
みんなそれがわかっているから、まったく盛りあがらない。

そんな中、新入社員のノグチくんがとんでもない発言をした。
「うちの会社、完全週休3日制にしませんか」
おいおい。何を言っているんだこいつは、って思ったよ。
今でもみんな残業漬けで、それでやっと生活できる給与水準なのに、
週休3日なんてできるわけないだろ。
周囲を見まわすと誰もがあきれ顔をしていた。

そりゃそうだ。どんどん人が辞めて、猫の手も借りたいくらい忙しいのに。
「もっと真剣な意見を言いなさい」と彼の上司が一喝して、ジエンド。
きっとノグチくんも長くはもたないな。

俺の主な仕事は、毎月の生産スケジュールを組み立てることだ。
これがパズルを組み立てるみたいで、とても大変だ。
毎日何らかのトラブルが起きて、工場のラインが停止することもよくある。
時には、2、3時間停止する。
すると生産が間に合わなくなる。カツカツの生産計画なのだ。
その日も、トラブルの連続で遅くまで残業をしていた。
もう事務所には誰もいない。
一度、ラインを確認しておこうと工場棟に向かった。
工場棟に行くには入り口でセキュリティのため暗証番号を入れる必要がある。
覚えている暗証番号を入れた。
が、エラーになった。
もう一度ゆっくり番号を入力した。

またエラー。
あれ？　どうしてだろう？
暗証番号は月の初めに変わって、総務から一斉メールで送られてくる。
でもまだ月末だ。

もしかしたら……脳裏にある顔が浮かんだ。
総務の派遣社員。
ヒグチさんって言ったっけ。
彼女が間違えたのかも。
というのも、今日、システムにトラブルがあり、
暗証番号が一時的に使えなくなっていたらしい。
しかしすぐに修復して「元の番号で開くようになりました」
という通知が彼女からきていた。
おそらくそのとき、打ち間違えたんじゃないか。

俺は大きく舌打ちした。

彼女はもちろん、総務部はとっくに全員帰っているはずだ。
工場棟に入るには中の人間に連絡するしかないが、
最少の人数で回している彼らのことを考えると、とてもできなかった。
あきらめて戻ろうと思った瞬間、入り口の横の棚に1万円札が見えた。

誰かが忘れたんだろうか？
でもなぜこんな場所に？
手に取るべきかどうか迷った。
何かのどっきりかもしれない。手に取った瞬間、ブザーが鳴り響くとか。
そんなバカなことがあるわけがない。
俺はおそるおそる1万円札を手に取った。新札だ。
じっくり見ると、ホログラムもある。偽物ではなさそうだ。
久しぶりに諭吉先生の顔をじっくり見た気がする。
あのとき、福沢諭吉がつくった学校にこだわらずに
W大学に行っていたら
俺の人生はこんなふうにはなってなかっただろう。

「あなたのせいで、こんなふうになってしまったよ」
思わず諭吉先生の肖像につぶやいた。
さて、この1万円札どうすればいいだろう？
このままにしておく？　総務に届ける？
それとも――
悪魔の声が聞こえる。
ちょうど給料前で苦しい。
財布には樋口一葉と野口英世が1枚ずつしか入っていない。
そこに福沢諭吉が加わったら――
いやいやと首を振る。それはいくらなんでも人間失格だ。
そのとき、6桁の数字が目に飛び込んできた。
その1万円札の製造番号。
どこかで見覚えがある数字だった。
そう、俺が10代の頃、ずっと財布に入れていた新札。
何度も取り出して眺めていたから、自然と番号を覚えていたのだ。

そんなバカなことがあるだろうか？
いったいこれはなんなんだ。
そういや、工場棟に入る暗証番号も6桁。
まさか。
その番号を入力してみる。
ビンゴ！　ドアが開く。
その瞬間、すさまじい光が目に飛び込んできた。
思わず顔に手をかざして倒れ込んでしまった。

どれくらい時間が経っただろう。
俺は工場の中にいた。しかしいつもの工場ではない。
機械から、ミネラルウォーターの代わりに1万円札が次々に生み出されていた。
あちらこちらに1万円札がうずたかく積み上げられている。
諭吉諭吉諭吉諭吉。目眩がするほどだ。
そして考えられないほど多くの人が黙々と働いている。
いつからうちの工場は国立印刷局になったんだ？

など考えていると、短いサイレンが鳴った。
それを合図に工場の機械がゆっくり止まる。

すると、どこからともなく、
まるまると太ったタキシード姿の男が現れ、
マイクに向かってこう言った。

「みなさま、金運大吉劇場へようこそ。
おまたせいたしました。それでは本日の最終講演、
『人と逆張りして、逆転につなげよ』が始まります。
登壇されるのはもちろんこの人。万札の偉人福沢諭吉先生です」

働いていた人たちがある一点を見つめた。
すると、床から大きなステージがせり上がってきた。
そのステージに立っている、背が高く恰幅がよい和服姿の男。
そう、あの福沢諭吉先生がいたんだ。

若かりし頃の諭吉
なんだこの仕事は!
つまらんっ!!
このまま地元で老いていくなんて
まっぴらごめんだっ!
親類たち
ザワザワ
叔父さん
蘭学を学ぶために大坂へ出るから門番やめるわ
どあほ!
福沢家当主として、責任持って務めろ!
そうだそうだ
無責任!!
しっかりやれー
これだから田舎ってやつは……
親類にどう思われようと知ったこっちゃない
母さんさえ許してくれたらそれで十分だ
母さんさえ……
ピタッ
…許してくれるかな
諭吉、決死のプレゼン
母
それに対する母の答えとは?

人生大逆転講演会

第3幕

人と逆張りして、逆転につなげよ！

講師

福沢諭吉先生

こんな場所に俺を呼び出すなんて、みんな、お金が好きだねぇ。

さて、いきなりだけど質問するよ。

「金の亡者」

「拝金主義者」

「守銭奴」

これらは、ある人のことを指した言葉だけど、誰のことかわかるかな？

そう。実はこれ全部、俺、福沢諭吉のことを言ってるんだよ。

生前の福沢諭吉は、世間からこういうイメージを持たれていた男だったんだ。


今でこそ「万札の顔」「慶應義塾の創始者」というイメージで崇められているようだけど、俺が生きていた頃は、ぼろくそに批判する人のほうが多かったくらいだ。

ある新聞には「ホラをふく沢、うそをゆう吉」なんて悪口を書かれたりした。もちろん慕ってくれた人もたくさんいたけどな。

確かに、まだサムライの倫理観が残っていた明治初期の頃に「文明開化は銭だ」と公言して憚らなかったから、そういうイメージを持たれても仕方ないかもしれない。

そういうところは小さい頃から筋金入りだった。

16歳のとき、8歳年長の兄三之助から「お前は将来どんな人間になりたい？」と質問されてこう答えたことがある。

「まずは日本一の金持ちになって、思う存分に金を使ってみたい」

もちろん、兄は苦い顔をしたけどね。

でも、口ではそんなふうに「金、金、金」と言っていた俺だけど、実はそこまでお金が好きってわけじゃない。

本音を言うと、金儲けのための金儲けは大嫌いだ。

目的が金儲け。そのためには手段を選ばない。これじゃあただ「お金の手足」となっているにすぎん。お金に自分を使われておもしろいか？

自分がお金を手足のように使わないと、おもしろくないだろ？

何のためにお金を稼ぐのか？

衣食住を満たすため？　贅沢をしたいから？

本当にそれだけでいいのか？　つまらなくないか？

俺は「お金儲けは、日本の文明を発展させるためにすべきだ」と考えていた。

そこのきみ、スケールが大きいからって引かないようにね。

こういうこと言うから「ホラをふく沢、うそをゆう吉」って言われたんだろうな。
つまりこういうことだ。

「金はじゃんじゃん儲けよ。ただし、その目的と手段を誤ってはいけない」

きみたちも、日本の未来のために、じゃんじゃんお金儲けしてほしい。

借金が怖い

野口英世くんと樋口一葉さんの講演はなかなかおもしろかったよ。でもね、彼らのお金に対する姿勢にはとても及第点はあげられないな。

きみたちもそう思っただろう?

誤解するなよ。俺は彼らの人生を批判しているんじゃないよ。

事実を言ってるだけ。

いいかい？　俺が二人と決定的に違うのは、お金に対する姿勢だ。

俺はこう見えて気が小さくてねぇ。

世の中のどんなものより、借金が一番怖かったんだよ。

当然、借金はしない。だから俺の話は、二人みたいに貧乏と借金の地獄から人生大逆転、みたいなわかりやすい物語にはならないな、きっと。

そもそも、俺の人生は野口くんや樋口さんのように、一直線に医者や作家を目指して成功したわけでもない。肩書だけでも山のようにある。

蘭学者からスタートして幕府の役人にもなった。慶應義塾を筆頭にいろいろな大学の創立に携わった教育者の顔もあれば、思想啓蒙家でベストセラー作家の顔もある。翻訳家でもあり、それまでになかった新しい和製漢語をたくさんつくった。「保険」「中央銀行」「複式名簿」などの概念を日本に紹介もした。もちろんビジネスマンの顔もあるし、投資家でもあった。

そんなわけで、すべてを事細かく語りだしたら、時間がいくらあっても足りない。

それに、偉くなってからのことをぐだぐだ話してもつまらんだろう。

この講演では、子どもの頃の細かなエピソードや、成り上がってからの人生の後半はザクっと端折って、中津藩の下級武士の次男というしみったれた身分からどうやって人生大逆転したかを中心に、お金の話とともに語ろうと思う。

大坂で生まれ父を亡くす

さて、日本一の大金持ちになる！　という「志」を抱いた福沢少年は、どんな環境で育ったかについて見ていこうか。

きみたちが生きるうえでの参考になればいいんだが。

天保5年12月12日（1835年1月10日）、豊前・中津藩奥平家の藩士である福沢百助と母・お順の間に、二男三女の末っ子として俺は生まれた。生まれた場所は、大坂・堂島浜玉江橋北詰にあった中津藩の蔵屋敷。当時、大坂は天下の台所として大いに賑わっていて、藩でとれた物産は蔵屋敷に運ばれて売買されていた。

福沢諭吉が大坂生まれだってことを知らない人も多いんじゃないか？

中津藩・大坂蔵屋敷はその後、大阪大学医学部付属病院を経て、現在は朝日放送というテレビ局になっている。そのビルの前に「福澤諭吉誕生地」という立派な石碑が立っているから、ぜひ見に行くように。

中津藩がどこにあるか知ってるか？

答えは今の大分県北部。福岡県の隣。徳川譜代の10万石の小藩で、福沢家は下級武士の家柄だった。父は大坂で15年間、元締役という会計の仕事をしていた。藩は当時、鴻池や加島屋などの豪商から莫大な借金をしていて、その返済を「待ってください」と頼むのが主な役割だったらしい。

俺が生まれたのは、父が長年欲しくて欲しくてたまらなかった『上諭条例』という全64巻の書物がたまたま手に入り、大喜びしていた日の夜だった。そこに次男誕生の知らせが重なったということで、その書物から一文字とって「諭吉」と命名したと聞く。

このエピソードからもわかるように、父は下級武士の家柄ながら、儒学者の顔もあり、本や学問が好きだった。本当は学問で身を立てたくて、金勘定が大嫌いだった父にとって、元締役の仕事は嫌でたまらなかったらしい。実際、何度も異動願いを出したらしいけどかなわなかった。随分と生真面目な人だったと聞くから、お金を扱わせるのに安心だと思われていたようだ。そんなストレスが早死につながったのかもしれないな。

そう、父は俺がまだ1歳半の時に亡くなった。だから当然顔は覚えてない。

門閥制度を親の敵と定める

父が亡くなったことで、俺たち一家は大坂を離れて、豊前・中津（現在の大分県中津市）に戻って暮すようようになった。

驚いたのは、大坂と中津では言葉も風習もぜんぜん違うということ。

俺たち兄弟はみんな大坂生まれ。友だちともなじめず、いつも兄弟姉妹で遊んでいたよ。中津生まれだった母も、大坂暮らしが長かったのであまりなじめず、福沢家はまわりから孤立していた。

同じ武士でも「上士」と「下士」では大きく身分の差があって、すれ違うとき、下士はどんな天気でも、はいつくばって礼をしなきゃいけない。子どもの遊びにさえも身分制度が蔓延している。俺たち「下士」の子が「上士」の子に呼びかけるときは、「あなた様」と呼ばなきゃいけない。相手はこちらのことを「貴様」と呼ぶ。

勉強や腕力で負けなくても、生まれた身分だけで一生が決まってしまう。それが何百年も続いているんだぜ。バカバカしいと思わんか？

当時、母から、亡くなった父の話をよく聞いた。

俺が生まれたとき、産婆から「この子はみごとに育つだろう」という言葉を聞いて、父は「成長して10歳くらいになったら寺に預けて坊主にさせよう」と言ったらしい。

門閥制度がはびこる中津藩では、下級武士の生まれだと、どんなに頑張っても出世はできないし、名を残すこともできない。先祖代々、家老は家老、足軽は足軽、その間に挟まっている者も同様。父はそれを自分の人生で嫌というほど体感しながら、ぐっと不平を呑み込み、黙々と仕事を続けた。

だから次男の俺には、そんな想いをさせたくなかったのだろう。僧侶の世界では商売人の息子が大僧正になった例はいくらでもあるから、俺には武士とは別の世界で名を成せと思ってくれたに違いない。

その話を聞いて、俺は何度も泣いた。

そして決めた。この門閥制度を親の敵にしようと。

座右の銘＝「喜怒色に顕わさず」

とはいえ、当時の俺は、世の中の情勢も何も知らない片田舎の子ども。中津でいくら吠えたって潰されるだけとはわかっていた。

そんなときにある漢書を読んでいて、一生の座右の銘になる言葉を発見したんだ。

それが「喜怒色に顕わさず」という言葉。

簡単に言うと「喜び」や「怒り」の感情を表に出さないということ。

誰にどんなに褒められても、心の中では決して喜ばない。どんなことを言われても本気で怒ったりしない。これを生涯のモットーにすることにしたんだ。実際、その後の人生においても、俺は本気で怒ったことはまずない。ましてや喧嘩で殴りあうなんてもってのほか。

俺は人並み以上におしゃべりだったけど、顔を赤らめて議論を戦わせるみたいなことはしたことがない。だから藩への不平とかそういった議論にもできるだけ加わらなかった。

兄は俺と正反対で、誠意を込めて目上の人に仕える「孝悌忠信」をモットーにしていたが、それでも藩風について不満をもらすことがたびたびあった。

それに対して俺はよく、こう言って止めた。

「中津にいる限りは、そんなグチを言っても何の役にも立たないですよ。不平があるなら中津を出る。出ないのならば不平を言わないが一番」

この講演を聞いてくれている会社勤めの人にも言いたいねぇ。

「会社にいる限りは、会社の悪口は言うな」と。

とにかくその頃の俺は、まずはこの中津の地を早く出ることだけを祈っていた。

諭吉、19歳で中津を出る

さて、話はいきなり安政元年（1854年）2月へ飛ぶ。

福沢諭吉、19歳。やっと中津を出るチャンスがまわってきた。

それは兄と黒船がもたらしてくれたんだ。

この前年にペリーの黒船来航があって、世の中が急に騒がしくなってきていた。アメリカの軍艦がやってきたというニュースは、九州の片田舎の中津にも伝わっていた。海上防衛の必要性が叫ばれ、小藩でなる中津藩でも大砲などの砲術の必要性が取り沙汰されるようになった。

あるとき、俺は兄に呼ばれた。聞けば「オランダ語をやってみないか」という。

当時、砲術といえばオランダ流。オランダ語の原書を読む必要がある。しかし中津にはオランダ語を読める人間がいない。

そこで俺に白羽の矢がたったというわけ。横文字は見たこともなかったし、原書の意味もよくわからなかったけど「人の読むものなら横文字でも何でも読みましょう」と速攻で引き受けた。

長崎に遊学させてもらえるというのが一番の理由だ。とにかく中津を出たかった。出れば自分の力で何とかしてみせる。誰にも言わなかったけど、一度出たら絶対に帰ってくるもんかと密かに思っていた。

きみたちもチャンスをつかんだら、どんなことがあっても離さないようにな。

そしてここから、福沢諭吉の逆転人生が本格的にスタートする。

長崎でオランダ語修業のち江戸に向かう

長崎に着いて初めてABCのアルファベットというものを見た。最初はとても難しく思えて、26文字覚えるのに3日もかかったくらいだ。しかし、当たり前だが徐々に慣れて読めるようになってきた。

山本物次郎という砲術の大家の家に書生として居候させてもらいながら、通詞（通訳）や医者たちにオランダ語を教えてもらうことになった。

勉強のかたわら、こまめに働いたねぇ。俺はとにかく何でも雑用をこなすから、とても重宝がられた。山本先生から養子にならないかと何度も誘われたほどだった。

1年も経つとオランダ語もめきめきと上達した。山本先生の代わりに砲術の講義をしたり、諸藩からの来客の相手をしたりすることも増えた。俺は砲術に関してはまったくの素人で、鉄砲を撃つところさえ一度も見たこともなかったけど、訳知り顔で砲術のことを語ったり図面を書いたりできるようになったから、来客からしたら何十年も学んだ立派な砲術家に見えただろう。

そんなふうに遊学生活は順調だったが、ある男のせいで大きな転機をむかえることになる。

その男とは、同じタイミングで長崎に遊学していた中津藩家老のせがれ、奥平壱岐《いき》さ。俺より10歳上で、悪い奴ではないんだが、小藩といえど家老の息子。ぼんぼんでワガママだった。俺が長崎に来られたのも、実は、この家老のせがれの世話をすることも含まれていたらしい。

奥平壱岐とは後々浅からぬ縁が続くので、名前を覚えておいてくれ。身分的には圧倒的に壱岐が主で俺が従だけど、山本家では立場が逆転していた。壱岐の奴も、俺をうまく使えばいいものを、嫉妬したんだな。で、諭吉がいると勉強の邪魔になると、父親に泣きついたらしいんだ。

父親も息子がかわいかったんだろう。福沢家の親戚にあたる医者から俺宛に「母が病気だから帰ってこい」と偽の手紙を書かせた。この頃、兄は大坂勤めになっていて、姉たちもみんな嫁いでいたから、中津には母ひとり。流石にそうなると中津に帰ってこざるを得ないだろうという算段だ。

でも、その親戚の医者がもう一通の手紙を送ってくれたことで真実がわかった。頼まれて仕方なくそんな手紙を書いたが、お前の母親は元気だから心配ないと。

そのおかげで真実がわかった。やり口が卑劣だねぇ。

さすがの俺も腹がたって壱岐に喧嘩をふっかけてやろうと思った。でも座右の銘を忘れちゃいけない。喜怒色に顕わさず。そもそも家老の息子と喧嘩したって勝てるわけがない。これをうまく利用してやろうと考えた。

そう、策略にひっかかって大人しく中津に帰るふりをして、江戸に向かうことにしたわけだ。江戸で本格的に蘭学を学ぼうと考えたのである。

他人のシナリオどおりに動いていたら、大逆転なんてできないぜ。

時には騙されたフリをして、それを逆手にとることも重要だ。

江戸がダメなら、大坂の適塾に

江戸に行くと決めたはいいが、金はないし、道中大変なことだらけ。でもなんとか15日ほどかけてやっと大坂までたどり着くことができた。大坂の中津藩蔵屋敷には兄がいる。

俺はさっそく兄に会い、事情を話して、江戸に向かうことを告げた。するとと兄は、「ここでお前を江戸に向かわせたら兄弟共謀だ。俺の立場がなくなってしまう。おッ母さんも泣くぞ」と、とてもおっかない顔をして言う。「大坂で蘭学の勉強を続ければいい、こっちにもいい先生がいるぞ」と、畳みかけるように説得された。

よく考えると俺は処分されてもいいが、兄の立場もあるし、母にも申し訳ない。「わかりました。大坂で蘭学を勉強します」と答えた。

兄が言うこともっともだと思いなおしたわけだ。蘭学も継続できそうだったしね。思い描いた江戸ではなかったが、大坂だって悪くない。

しかも、なんと「適塾」に通えることになった。適塾は、医者で蘭学者の緒方洪庵先生の私塾で、全国から入門者が殺到するトップレベルの名門塾だった。

安政2年（1855年）の3月。もろもろの支払いは兄が負担してくれ、俺は蔵屋敷から適塾へ通うことになった。

考えてみたら、奥平壱岐の計略から始まってのことだが、災い転じて福となす。人生、どこにチャンスが転がっているかなんてわからないものだねぇ。

きみたちも人生で何かマイナスなことが起こったら、立ち止まって考えてみるんだ。これを大きなプラスに変換することはできないか、って。

兄が急死！　諭吉、福沢家の当主に

こうして大坂での蘭学修業がスタートしたんだけど、その翌年は不幸な出来事が立て続けに起こった。

兄がレウマチス（リウマチ）という病気になった。さらに俺も腸チフスという大病にかかった。適塾の同窓で腸チフスにかかったヤツがいて、ずっと看病していたら伝染したようだ。意識不明で生死をさまよう状態が続いたが、幸い体が丈夫なため一命をとりとめた。そんなこんなで兄弟二人で一度中津に帰郷したが、俺は回復したので一人大坂に戻っていたんだ。

そんな矢先、兄が亡くなったという知らせが中津から届いた。

兄の死は、もっとも頼りになる人間を亡くしただけじゃなかった。再び中津に戻ると、もう葬式などはすべて終わっていて、親戚から「これからはお前が福沢家の当主だ」と決めつけられた。そう、長男である兄が亡くなったことで、次男である俺が福沢家の家督を継がなければならなくなったんだ。

しかも、福沢家の当主となったからには藩の務めに出ねばならないという。そう言われたら仕方がない。とりあえず黙って従うことにした。ただのポーズだけどね。務めは城の門番。これが最高につまらない。退屈で溶けてしまいそうだったよ。

適塾の生活に戻りたい。学問を続けたい。日がな、それればかり考えていた。せっかく故郷を捨て大海原に飛び出したというのに。今さら庭の小さな池に収まれなんて、ムリだ。絶対に大坂へ戻ろう、そう決意した。そこでまず叔父に話をしてみたが、おそろしい剣幕で頭ごなしに否定された。

「けしからんことを言うな。兄が亡くなったからには当主としての責任をもって務めろ！　今さらオランダの学問だと？　何を寝ぼけたことを言っている！」ってね。

他の親類たちも誰も耳を傾けてくれそうにない。みんな大の西洋嫌いだったんだ。次第に近所でも噂され白い目で見られた。変わり者扱いさ。田舎はこれだからいやだね。

そのときの俺の身の上は、寄る岸もない捨小舟みたいなもんだったさ。

さあ、このピンチ、きみたちならどう乗り越える？

母に渾身のプレゼンテーション

俺は路線を変えることにした。

親類や近隣の人間にどうこう言われたってかまわない。おッ母さんだけが許してくれたらそれで十分だ。だからとにかく母を説得しようと考えたんだ。

母には、長崎から大坂へ出て適塾で蘭学修業に励んでいること、将来出世する見込みなどを事細かく話した。今で言うプレゼンテーションだね。

「このまま藩にいても将来の希望はない。中津で朽ち果てて終わりたくはない。蘭学修業を続ければきっと何者かになれると思う。だからおッ母さんは寂しいだろうけど、どうぞわたしを手放してください。わたしの生まれたとき、おッ父さんは『坊主にする』と仰しゃったそうですから、わたしは寺の小僧になったとあきらめてください」

このとき俺が中津を出れば、家には死んだ兄の3歳の娘と老母の二人暮らし。母もさぞかし心細いに違いないが、思い切りのいい性格だからこう言ってくれた。

「そこまで言うならよろしい。兄も死んだけど、死んだものは仕方ない。あんたも、よそへ行ったらそこで死んでしまうかもだけど、そんなことは一切言わない。どこへでも行きなさい」

と了解してくれた。これはうれしかったな。

さすがに俺のおッ母さんだけある。「アナタさえそう言ってくだされば、誰が何と言っても怖いことはない」という心境になったよ。

魚は再び大海を目指すことができた。

父親の蔵書で借金返済

いざ大坂へ！　気持ちはすぐにでも飛んでいきたかった。

しかし、現実には重要な問題があった。

そう、金。福沢家はもともと貧乏なのに加え、兄の療養中にかかった費用やら葬儀代やらで、しめて40両（160万円）ほどの借金があったんだ。それに大坂への旅費も調達しなければならない。

ひとまず旅費のことは差し置くとしても、さすがに借金を放置して、自分だけ大坂へ行くことはできない。

このときの選択肢はひとつだった――売れるものをすべて売って金をつくること。

膨大にあった父の蔵書を手放すことにした。1500冊くらいはあったかな。

ただし、『易経集註』13冊に伊藤東涯先生が自筆で細々と書き入れをしたものだけは残した。蔵書目録に父の筆をもって「この東涯先生書き入れの易経十三冊は天下希有の書なり、子孫謹んで福沢の家に蔵むべし」と書いてあったので流石にそれだけは売れなかった。

ほかにも掛け軸や刀、皿でも茶碗でもなんでも、売れそうな家財をかき集めて売りさばいた。そして40両（160万円）の借金をようやく返すことができ、旅費も工面できた。

ひょっとして、野口英世や樋口一葉的な展開を期待した？

そんなきみの期待に応えられなくて、申し訳ないね。

でもこれが今日の講演の中で一番健全な金策ではないかな？

金がなければ、どうにかしてつくるしかない。

ここ、重要だよ。

寝る間を削って高価な書籍を盗写！

話を進めよう。売れるものは売っぱらって、家の借金は片づいた。それとは別に、俺は大坂に行くまでの間、中津で密かに「大きな仕事」をしたんだ。

例の家老の息子、奥平壱岐が長崎から戻っていたので、仕方なく挨拶に行った。そうしたら、壱岐はあるオランダ語の書籍を自慢気に見せつけてきた。聞けば23両（92万円）で買ったという。それでも「安かった」と自慢するもんだから、貧乏人の俺としては、かなりムカついたよね。もちろんそんな感情は色にあらわさなかったけどな。

それは『ペル築城書』という本だった。これは珍しい書籍だ！　ちょっと見てそう思った。適塾は医学塾なので、築城書の原書なんて見たことがなかった。これは読んでみたい。しかし壱岐の奴は、見せびらかすだけ見せびらかして、貸してくれそうもない。

そこで下手に出て、「目録と図だけでも見せていただけませんか？　4、5日で返しますから」と根気よく頼み込んでやっと貸してもらえることになった。

そして持ち帰るとすぐに盗写にかかった。

寝食を惜しんで全身全霊を込めてひたすら写しまくった。

もちろん、写したのがバレたら大事になるから、誰からも見られないようにこっそりと。城の門番の務めの合間の夜中にも寝ずに写した。

分厚い書籍だったから、当然4、5日で写せるものじゃなかった。だから壱岐にはなんだかんだと言い訳をして、なかなか本を返さなかった。結局30日足らずで写し終えたかな。罪悪感？ そんなものはなかった。まあ、褒められた行為ではないけど、長崎遊学の復讐だよ。悪漢が宝蔵に忍び入ったような心境さ。

10月にはようやく中津を出て大坂に戻れることになった。

藩へは、大坂へ「砲術修業」という名目で行くことにした。「蘭学修業」では通らないとアドバイスをもらったからだ。適塾の緒方洪庵先生は医者だ。医者に「砲術修業」は変だろうと思ったけどそれが通ったんだ。

まだまだ学問は漢学が主流で、西洋流は白い目で見られていたけど、ペリー来航で砲術だけは西洋流儀にしなければならぬと空気が、日本中に蔓延していた。だから、「砲術修業」が名目ならば何でも通ったのさ。

きみたちも、何か大きなことを始める時に、本当の理由ではまわりが納得してくれなさそうな時には、この手法を勧めるよ。

要は「大義」を掲げてまわりを納得させるということだ。

翻訳の名目で恩師の食客となる

大坂へ出ると、すぐに緒方先生を訪ねた。そして中津での出来事を包み隠さず話した。もちろん、盗写本のこともね。実は大坂へ戻ったのはいいが、学費を用立てることができないことも包み隠さず。

事情をすべて打ち明けると、緒方先生は「そうか、それは悪い事をしたような、また善い事をしたようなことじゃな」と笑って言ってくれた。

しかし「世話はしてやりたいが、でも福沢だけ特別扱いすると他の書生たちに示しがつかない」と言う。結局、写しとった『ペル築城書』を翻訳するという名目で、俺を緒方家の食客として迎え入れてくれることになった。心の広い先生で本当にありがたかった。

翻訳はあくまでも便宜をはかるための建前にすぎなかったが、おもしろそうだったので本当に翻訳することになった。

これがねぇ、やってみると、文章を書くためのとてもよい訓練になったんだ。

緒方先生からは「築城書は兵書だから武士が読むものだ。しかし武士の大半は学問などできない。だから難しい漢語は使わず、できるだけやさしい言葉でわかりやすく書くこと」と教えてもらった。

この「翻訳」体験と緒方先生の教えは、のちに大きな財産になる。

「翻訳」は金になるかもしれない。そう気づくのはもう少し先の話になるけど、のちに大ベストセラーを連発することができたのは、この体験が大きかった。内容が面白いのは当然で、そのうえでいかにわかりやすく書くかが重要で、かつ難しいことだということを、緒方先生からみっちり教えてもらったんだ。

そんなふうにして、俺の書生生活は再びスタートした。安政3年（1856年）11月、俺は21歳だった。

すぐに役に立たない勉強をする幸せ

少し適塾の話をしよう。

塾内では常に競争だった。塾では身分なんて関係ない。実力主義だ。

塾には「ヅーフ」と呼ばれていた蘭和辞典が1冊しかなく、みんながそれを取り合った。通称「ヅーフ部屋」の灯は、どんな夜中になっても消えることはなかった。

成績のレベルごとにクラスが分かれていて、そこで月に6回「会読」と呼ばれる原書の読み合わせをする。そして1カ月ごとに成績を出し、そのクラスで最上位を3カ月取ったものだけが上のクラスに進級できるというシステムだった。

原書は主に、医学や物理学の本が多かった。俺は将来自分がどうなりたいかなんて考えて勉強しなかったね。ただ学ぶことが楽しくて楽しくて勉強を続けていた。難しければ難しいほど面白くて仕方がなかったよ。

福沢諭吉といえば、後に、世の中に役に立つ「実学」を提唱したことで有名だ。『学問のすゝめ』という本の中でも「実学」がいかに大切かということを、口が酸っぱくなるほど書き記した。

だけど本当を言うとこの時期、大坂で特に目的もなく、自分にとってすぐに役立たない勉強をしたことが一番幸せだったし、結果として人生で一番役に立った気がする。江戸にいたら、そうはいかなかったかもしれない。この頃、西洋の新技術を学ぶことが急務になっていて、江戸では、少しでも洋書を読めたり翻訳できたりする者はすぐに幕府や藩に召しかかえられ、結構な報酬が与えられた。勉強というより仕事に近い。その点、大坂は町人の町だったから、いくら勉強しても仕事には結びつかない。

でもそれが逆によかったんだ。
きみたちも人生のうち数年くらいは、そういう時期を持つことを勧めるよ。

適塾は大坂の北浜にあった。奇跡的に太平洋戦争の空襲にも残り、今でも淀屋橋と北浜の間のオフィス街に建物が残されていて、一般公開もされているから見学に行くといい。適塾は、のちに『白い巨塔』のモデルになった大阪大学医学部へと繋がっていく。

そんな感じで勉強に無我夢中になっていて、適塾に復帰した翌年に、俺は「塾頭」になった。塾頭っていうのはまあ簡単に言うと塾生のトップだ。新入生や他の門下生たちに教えたりする。塾頭になると新入生から少しばかりの金が納められることになっていたから、これがいい小遣いになったよ。ほとんど酒代に消えたけどね。

実はね、子どもの頃から酒が好きでねぇ。もうね、酒に目がなかったんだよ。長崎にいた頃は禁酒をしていたからその反動で安い酒を飲みに飲みまくった。自分で何か欠点を挙げろ、と言われたら唯一この大酒飲みくらいだろうかね。

その代わり、自分で言うのもアレだけど、お金と女性には潔癖だった。その頃の書生たちは、遊廓通いを誇らしく語るものが多かったのだけど、自分がそうしようとはまったく思わなかった。

かといって、別にそんな奴らのことを馬鹿にしたり不平に思っていたりしたわけではない。だから話には加わる。他人が語る遊廓での様子をおもしろおかしく茶化したりもする。でも自分はそこに通おうとは思わない。

「血に交わりて赤くならぬ」だ。

諭吉、江戸からお呼びがかかる

安政5年（1858年）、俺の人生に、突然大きな転機が訪れた。中津藩の江戸屋敷から突然お呼びがかかったのだ。

中津藩においても、やっと蘭学が注目されてきた。俺が適塾で塾頭をしている情報を知って、江戸で中津藩の書生たちに蘭学を教授するよう、声がかかったのだ。

長崎から江戸に向かおうとしてから3年。まわり道したようだけど、結果的には一番いいタイミングで江戸に行けることになった。

江戸勤務にあたっては、家来を一人連れて行ってもよいということで、その旅費も支給されたんだ。正直、俺に家来なんて必要ない。自分のことは自分でできる。でもせっかく旅費が出るんだから「江戸に行きたいやつはいるか？」と塾生たちに声をかけた。すぐに名乗りを上げたやつがいたので、結局3人で江戸に行くことになった。人からは無理して連れて行かなくても、家来の旅費は支給されるから自分のものにしたらいいのに、と言われたけど、俺はそういうのは好きじゃない。

こうして10月中旬頃、俺は江戸入りした。築地・鉄砲洲の中屋敷の長屋に住み込みながら藩内外の書生たちにオランダ語や蘭学を教授することになった。

この蘭学塾「一小家塾」がのちの慶應義塾の基礎となったため、この年が一応、慶應義塾創立の年とされている。もちろんまだそんな塾名はつけてなかったけどな。

場所は、今の明石町の聖路加国際病院になっているあたりで、病院の前の通りに「慶應義塾発祥の地記念碑」が設置されている。石碑の上に書籍の形をしたオブジェがあり、その表面には、『学問のすゝめ』初編初版本の活字と同じ字型で「天は人の上に人を造らず人の下に人を造らず」の文字が刻まれているから、ぜひ見に行くように。

ちなみにこの場所は、中津藩の大先輩である前野良沢先生が、杉田玄白・中川淳庵らとともにオランダ語の解剖書『ターヘル・アナトミア（解体新書）』の翻訳を行ったのと同じ場所で、すぐ隣には「蘭学の泉はここに」という石碑も設置されているぞ。

またも家老・奥平壱岐からお金を

そういやこのとき、あの奥平壱岐が江戸詰の家老になっていた。よくよく縁があるよね。

ただ面と向かっては彼に反発をしたことはないし、尊敬している風を装っていたからか、すんなりと江戸行きが決まったよ。壱岐も、過去の事件でちょっとバツが悪かったのか、俺の言うことを結構聞き入れてくれた。

あるとき、俺は計略を抱いて壱岐に面会した。高価なオランダ語の原書を持っていったんだ。案の定、壱岐は「これはいい本だ」と盛んにほめたたえる。で、俺はそんな頃合いを見計らって次のように言った。

「奥平様。この原書を20両(80万円)で買ってくださいまし。ご家老様にこのようにお願いするのは、お金はわたしがいただき、お買い上げになった原書はわたしに使わせていただきたいからです。実はこれわたしはただお金をもらうという策略でございます。このように正直に話しているのですから、原書を名目にお金をくださいませ」

考えたらメチャクチャな提案だけど、以前、壱岐が私物のオランダ語原書を藩に20両で買わせたことを知っていたので、ふっかけてみたわけだ。買ってくれなかったらそのことを持ち出すぞといわんばかりに。すると、なんと壱岐は「仕方あるまい」と20両（80万円）でその本を買って、俺に使わせてくれたんだ。言ってみるもんだな。
　このうち15両（60万円）は、早速母への仕送りに使わせてもらったよ。

　そういえば、家老の家紋のついている羽織をいただいたこともある。「紋服拝領」といって一般的には名誉でありがたがられているが、なんせ俺は功名心も忠誠心もないからうれしくもなんともない。それよりも金のほうがいいから、その日に売って、本を買ったり酒を飲んだりする費用にあてた。一両三分（7万円）くらいで売れたかな。

　俺のこういう態度は、他の中津藩士からはおもしろくなかったんだろうね。よく議論をふっかけられた。でも藩の中で出世しようとも、故郷に錦を飾ろうとも、これっぽっちも思ってなかったから、痛くもかゆくもなかった。

強烈なショックのち大転換

　さて、俺が江戸に来た年、幕府は日米修好通商条約をはじめ、次々と安政五カ国条約を列強と結んだ。その翌年の安政6年（1859年）の5月、条約により横浜などが開港されることになった。

そうなると、すぐに現地が見たくなる。当時の横浜は、本当に何もない田舎だったけど、外国人がやっている店がちらほらとあるらしい。だったら自分のオランダ語がどれだけ通じるか試してみようというわけさ。

片道、7里（28キロ）の道のり。門限があるので夜中12時に出て、翌日夜中12時前に帰ってきた。ちょうど24時間歩き通し。帰ってきた頃にはくたくたさ。でもそれは歩き疲れじゃない。精神的なショックを受けたんだ。

言葉が通じないどころか、店の看板も商品のラベルもまったく読めない。何語かさえもわからない。唯一、ドイツ人がやっている店で、かろうじてオランダ語での筆談が少しだけできたくらい。

江戸に戻った俺は落ち込んだねぇ。ここ数年死に物狂いで勉強してきたオランダ語がまったく通じないことに。いったい俺は何をしてきたんだろうと。

でも落ち込んだのは少しだけ。すぐに考えを切り換えた。

店の看板などに書かれていた言葉は英語に違いないと思った。実は、今世界では英語が主流になりつつあることは知識としては知っていた。でも、横浜でそれを体験したことで、はじめて腹に落ちたんだ。

きみたちも、知識だけでなく体験することは重要だぜ。

次の日。俺は「志」を新たにした。

そう、これからはますます英語の時代になるに違いない。洋学者として英語を知らなければ通用しない時代になるだろう。だとしたら、これからは、一切万事を英語の勉強に切り換えようと思ったんだ。

この大転換に要した時間はたった1日。今後、俺が欧米に行くチャンスを得たのも、ベストセラーを書けたのも、すべてはこの素早い決断のおかげだ。

諭吉、英語の勉強をスタートさせる

英語を覚えるぞ！　そう志を立ててみたものの、江戸で英語を教えてくれる塾なんてなかなかなかった。まだ英語に注目している人間なんていなかったんだ。

でも、俺はむしろ「買い！」だと思った。そう、逆張り。誰も目をつけていないからこそ、そこに投資する。

でもなかなか教えてくれる人がいない。幕府の外国方通詞（通訳）の方にたどり着いたけど、忙しくてなかなか時間をとってもらえない。

教えてくれる人がいないなら独学をしよう！　そう思って準備にとりかかったよ。辞書さえ手に入れば独学だって可能だ。しかしなかなか手に入らない。いかに英語の需要がなかったかわかるってもんだ。で、ようやく英蘭対訳発音付の辞書が手に入りそうだったんだが、小さな辞書なのに5両（20万円）もするという。そんなお金は持ち合わせていない。ということで、中津藩に願い出て購入してもらうことに成功した。

ようやく辞書が手に入ったので、今度は一緒に勉強する仲間を募った。やはりひとりでやるより仲間がいたほうが励みになる。

しかし一緒に英語をやろうと声をかけても、ことごとく断られた。理由は簡単。語学の習得は大変骨が折れるからだ。みんな、だいたいこんな感じ。

「実は自分も英語の必要性を考えていてね、ちょっとやってみたんだけど、どうも難しい。いつかはやると思うけど、今はまだやろうと思わないよ」

「必要な英書が出てきたら、オランダ人が翻訳したものを読めばいいじゃないか」

まあ、彼らの気持ちもわかるよ。何年も苦心してやっと習得したオランダ語が役に立たないばかりか、また一から英語を学ばなければならないとなると思うと。日本ではまだオランダ語が主流だったしね。

でもね、悪く言えば腰が重いよね。自分の経験や実績に固執していたら、時代の変化に臨機応変には対応できないよ。

これは学問だけじゃなくて、きみたちの仕事にも通じるはずだ。

結局、やっと一人「やってみようじゃないか」という人が見つかり、二人して切磋琢磨して英語学習に励むことになった。

しかしね、物事はやってみないとわからない。やる前は難解に思えた英語も、実はオランダ語と文法やスペルが似ていることに気づいた。基本構造が似ているから、あとはちょっとしたコツさえつかめばよかった。

蘭学修業はちっとも無駄ではなかった。これは実際に英語学習をしてみないことにはわからなかった発見だ。

このとき勉強を始めたおかげで、数年で英語が習得できた。

俺の読みが当たり、すぐに「英語の時代」がやってきた。俺は「英語の時代」の最先端にいることができた。

アメリカ行きのチャンスをつかむ

さて、俺たちが英語修業を始めて半年余り、幕府は重大な決定をした。日米修好通商条約の批准書を交換するため、遣米使節団が派遣されることになったのさ。正使一行はアメリカ軍艦ポーハタン号に乗艦することになっていたが、同艦の随伴艦として、幕府がオランダから購入した軍艦、咸臨丸《かいりんまる》を渡米させることにしたんだ。実際には、幕府海軍の航海の技術を試すことが真の目的だった。

咸臨丸は、時の軍艦奉行木村摂津守喜毅を筆頭にに、軍艦操練所教授方頭取であった勝麟太郎を指揮官とする総勢96人が乗り込むことは決まっていた。

咸臨丸に乗ってアメリカに行きたい！

こんなチャンス、めったに巡ってくるもんじゃない。

俺は考えた。どうすれば咸臨丸に乗り込むことができるかって。

艦長の木村摂津守は当然従者を連れていくに違いない。その従者になろう。

本人に直接頼み込んで、福沢諭吉という人物に会ってもらえれば、使える奴だと思ってもらえるに違いない。俺は、何とか本人につながるコネを探し求めた。そして江戸で面識を得ていた蘭医学の有名な先生が木村摂津守の親戚だと聞いて、紹介状を書いてもらうことに成功した。そして、その紹介状を持って木村摂津守に頼み込みにいくと、即刻了解が出た。

そもそも、当時、外国へ渡航したがる人間なんてほとんどいなかった。生きて帰ってこられるかわからない。みなさんの時代だと宇宙に行くようなもんだ。それなのに自分から進んで行きたいなんて懇願する奴が現れて、英語も少しできるとなれば、木村摂津守にとっても好都合だったと思うよ。

こうして万延元年（1860年）1月、俺は咸臨丸に乗り、日本を出発した。このとき25歳。それにしても我ながら、このチャンスをつかんだ行動力は褒めてやりたいね。この航海によって俺の人生は大きく変わったのだから。

きみたちもここぞというときには、どんな手段を使ってもチャンスをつかむといい。

驚きだらけのサンフランシスコ

咸臨丸は軍艦といっても、小さな船で、港を出入りする時だけ石炭をたいて蒸気機関を作動させるけど、沖へ出ればただの帆船。太平洋は毎日のように大嵐。でもどんなに揺れてもまったく怖いとは思わなかった。

木村摂津守の従僕として、人の何倍も働いたよ。こういった雑用をこなすのは、小さいときから一番得意だからね。

船酔いに苦しむみんなに「牢屋に入って毎夜毎夜大地震にあったと思ったらいい」と言って饂飩を買ったこともあった。実質的には艦長だったはずの勝海舟なんて船酔いでずっと部屋から出てこなかったもんな。

そして37日かけて、咸臨丸はサンフランシスコに無事到着した。

考えたらその7年前にペリーが来航し、我々日本人は黒船蒸気船にど肝をぬかれた。その2年後、日本人は初めて蒸気船の航海というものを習った。それから5年で、まがりなりにも自力で太平洋を横断できるようになったんだから、これは世界に誇っていい。まあ本当を言うと、同乗していたアメリカ人の手助けがかなりあったことも大きかったんだけどな。

初めての外国、サンフランシスコは刺激的だった。三〜四階建てのビルディングが並び、屋内にも屋外にもガスランプが灯っていて、夜でも昼のように明るかったのは驚いたよ。とにかく活気に満ちていた。

幕府の使節一行は陸路をワシントンに向かったけれど、我々はサンフランシスコがゴール。帰りの航海に耐えられるように船をドッグで修理してもらっている間、のんびりサンフランシスコを見学すればよかった。結局53日間いたかな。

我々は現地でいたれりつくせりの大歓迎を受けた。いろいろなものに驚いたよ。まず馬車。これが乗り物だとは、悔しいけど想像がつかなかったな。絨毯にも驚いた。こんな高級品を広い部屋に敷きつめて、しかも土足で歩く。アメリカは途方もない国だと。

中でも一番驚いたのは、シャンパンを注いだコップの中に入っていたもの。何だと思う？　氷だよ氷。

何か浮いてるなと思ったら、それがなんと「氷」だったのにはたまげた。こんな暖かい季節に氷があるとは！

あと、どうしても笑いそうになったのは「ダンシング」かな。男女がペアになって部屋を所狭しと踊りまくる。今では社交ダンスというのかね。とにかく笑わないように必死で我慢したよ。

このように驚きだらけの毎日だったけど、科学技術については意外に驚かなかった。なぜなら適塾時代に原書で読んで知識はあったからだ。アメリカ人が驚くだろうと案内してくれた工場なども、たいていのことは知識としては知っていたからね。

当時、日本において学ぶことができたのは、物理学、医学、兵学などが主で、政治・経済・社会などの本は幕府によって禁輸されていたんだ。だからそっちのほうが驚きが多かったんだ。

たとえば、アメリカ初代大統領ワシントンの子孫のことを聞いても誰も知らないという事実。もちろん俺だって、アメリカが共和制で大統領は4年で代わるという事実くらいは知ってたよ。それでも初代大統領の子孫なんだから今でも有名人だろうと思ったわけだ。日本であったら徳川家康か源頼朝の子孫のようなものかと思った。でもそうではないらしい。

サンフランシスコでの体験はとても有意義だったな。そして世界における日本の特殊さも実感したよ。幕藩体制という古いしがらみにがんじがらめになっている当時の日本は、このままでは世界から大きく取り残されるという危機感も抱いた。

帰りに俺は、通訳として咸臨丸に乗っていた中浜万次郎（ジョン万次郎）と一緒に、大金をはたいてウェブスター大辞典を買った。今まで英蘭辞典しか持っていなかったから「その喜びは天地間無上の宝を得たるが如し」だったね。

俺は、この航海で、人生大逆転の切り札を得たんだ。

諭吉、幕臣となる

同年5月に無事に帰国すると俺は、『増訂華英通語』という本を出版した。アメリカで購入した広東語・英語対訳の単語集『華英通語』の英語にカタカナを、広東語の横には日本語訳を付記しただけのものだけど、俺にとっては記念すべき初の出版物だった。

アメリカに行った俺は、もう蘭学を教える気にはならなかった。英語をもっと究めたいと思った。まだまだ中途半端だしな。しかしなかなか勉強できる環境がない。

そんな時、木村摂津守の推薦で中津藩士の身分のまま幕府の「外国方」に雇われることになった。俺の仕事は外国の公使領事からくる公文書を翻訳すること。

各国の公文書には自国語以外に必ずオランダ語文をつけて幕府に提出する決まりがあり、オランダ語ができる俺を、木村摂津守が推薦してくれたというわけさ。

ただ俺が大人しく言われたことだけをやるはずはないよね。どんな機会も身のためになることには貪欲になる！　活用する！　これが俺のスタンスだったからね。アメリカやイギリスからの文章は当然英語で書かれている。だから、まず原文に挑戦してみる。で、横を見るとオランダ語もある。これで英語力はずいぶん上達した。公文書を英語の問題集にしてしまったというわけさ。

「外国方」は今でいう外務省のようなところで、英語の書物など、とにかく文献がたくさん所蔵されていたんだよ。簡単には入手できない高額で貴重な書物がタダで閲覧できるというこの環境。いやあ、とても有効利用させてもらったよ。オランダ語から英語へと早いうちに方向転換しておいて本当に良かったね。

世界の列強国たちが、どのように日本にかかわろうとしているかも手にとるようにわかった。最高の環境で着実に英語力を高めていくことができたというわけさ。

翌文久元年（1861年）冬、俺は、お錦という女と結婚する。

彼女の父親は土岐太郎八といい、中津藩江戸定府の上士で、下士の俺とは身分は大きく違った。だから、まわりからは身分違いと言われたりもした。

実はこの縁は死んだ兄が取り持ってくれたといっていい。昔、土岐が大坂に出張した時に兄と交流があったんだ。土岐が兄のことを高く評価して、江戸に戻ってからも「大坂も中津も田舎武士だらけだけど、大坂蔵屋敷の福沢三之助だけは、まれにみる才学の持ち主」だと絶賛したらしい。

それが縁で、江戸に行ったとき、俺は土岐を訪ねそこで次女のお錦とも知り合ったというわけ。残念ながら、土岐は俺たちが結婚する前に亡くなってしまったけど、必ず俺とお錦を結婚させるようにと遺言してくれたんだ。

結婚して住まいを芝新銭座に移し、新しい生活がスタートした。

2度目の海外渡航、ヨーロッパ歴訪

幸運は続くもので、結婚してすぐ、俺に再び海外渡航のチャンスがやってきた。今度はヨーロッパだ。今回ももちろん熱心に志願したよ。じっとしていてラッキーがやってくるほど世の中甘くないからね。

前年に井伊大老が水戸藩士に暗殺されるという事件が起こっていた。いわゆる桜田門外の変だ。これにより攘夷という外国を排斥するという運動がさらに盛り上がりをみせた。井伊のあとをうけた老中安藤信正は、国内状況が整うまで各国に江戸や大坂、兵庫、新潟の開港の延期を交渉しようと考えた。アメリカは納得してくれたので、残るはヨーロッパのイギリス、フランス、オランダ、ロシアの4カ国。今回のヨーロッパ使節団はその交渉が目的だった。

そして今回は正式に幕府の翻訳方として使節団の随員に加わることになったんだ。本来の翻訳方が急に行けなくなったので俺の出番が廻ってきたというわけ。正式に決まってから出発まで数日という慌ただしさだったけど、ラッキーだったね。

ちなみに渡航の手当として、幕府から400両（1600万円）という大金をもらった。渡航中の費用は全部官費で出るから、これは純粋な手当だ。

でも大金が入ったからといって誰かさんのように散財はしないよ。

まず中津の母に100両（400万円）送金した。実は中津では俺がアメリカで死んだと噂があったみたいなんだ。新聞にも載ったとか。めちゃくちゃだよね。勝手に殺すなって！　ま、そんなわけで母には心配をかけてしまったから、申し訳なかったんだな。アメリカから戻ってまだ顔も見てないのに、結婚したかと思ったらすぐヨーロッパ行き、と心配をかけているし。お金でそれが償えるわけではないけど、そんな大金見たこともないだろうから、それもいいかなと思ったんだ。

今回はイギリス政府の軍艦オーディン号。船員もイギリス人ベテラン船員ばかりで何の心配もない航海だった。品川を出発した船は、長崎、香港、シンガポール、セイロン島などを経由してスエズに向かった。途中、西洋諸国の植民地になって主体性を失ったアジア諸国をみて、日本にとって富国強兵が急務だと思ったね。

ヨーロッパではフランス、イギリス、オランダ、プロシャ（ドイツ）、ロシア、ポルトガルなどに滞在した。初めて鉄道移動もしたねぇ。計1年の大旅行だった。

このヨーロッパ訪問では、たくさんの貴重な情報を得ることができた。銀行、工場、図書館、学校、病院、ホテルなどを視察しまくったよ。単に建物を見学するだけじゃないぞ。病院だったら入院費や経営はどうなっているのか、銀行だったらお金の支出入はどうなっているのかなど事細かく聞いてまわった。

科学などの難しい事柄は、辞書や書物に載っているので日本にいてもだいたいわかる。現地の人たちにとっては当たり前すぎてわざわざ辞書や書物などに載せないことが実は一番難しく知りたいことだったんだ。

だから現地でないとわからないことを中心に取材し続けたわけさ。

議会や選挙の仕組みなどを理解するのは難しかったな。政党同士が分かれて喧嘩しているんだ。意味がわからない。さらにそんな敵同士でも同じテーブルで酒を飲み食事をしたりする。まったく理解できなかったな。

郵便事業の仕組みは理解するのも苦しんだ。四角い紙に印紙をはって、街中においてある箱に入れたら勝手に届くという。飛脚に頼む必要もない。本当に不思議で理解するのに何日もかかったな。

どちらにしてもこれらの情報は、今後の日本の社会経済や文明の発展のために必要であり、役に立つ仕組みだと確信した。役立つものはマネしてでも取り入れたほうがいい。帰国したら本にして日本中の人たちに紹介しようと考えていた。

イギリス・ロンドンでは手当の金をすべてつぎこんで、書籍を大量に買った。これが洋書の日本輸入の始まりでもあったんだ。

この旅の取材で書き著した日記や、買い求めた大量の書籍は、四年後に『西洋事情』という本で結実し、大ベストセラーとなるぞ。

攘夷の嵐の渦中に刀を売る

さて、2度目の海外渡航を終えて帰国した頃、世間の情勢は攘夷の嵐で非常に物騒な世の中になっていた。外国の書物を読んで、外国の制度を論じているだけで「あいつはけしからん」と思われ、「天誅」と呼ばれる暗殺の対象になったりした。

こっちは何も悪いことしてないのに、勘弁してほしいよ。

そんな世の中なので、夜などはできるだけ出歩かないようにした。そんなことで殺されてしまったら馬鹿馬鹿しいにもほどがある。本当に視野が狭い連中には困ったもんだよ。

この時期、俺は籠もって、ひたすら『西洋事情』の執筆に勤しんだ。欧米で見てきたことを、もう一度原書で調べなおして書き著していったんだ。この頃、大坂から江戸に来ていた恩師である緒方先生が急死されたのだけれど、そんな先生に適塾時代、徹底的に教わった「著作はとにかくやさしくわかりやすく」をモットーに。

とにかくどうやったら、欧米の社会を見たことも聞いたこともない日本人にわかるかと、工夫をこらしたんだ。

このご時世ではとても出版はかなわないだろうけど、いずれ必ず必要とされる時代が来ると信じて書き進めていった。

元治元年（1864年）6年ぶりに中津に帰郷し、母と再会も果たした。俺は31歳になっていた。中津では2カ月ほど滞在し、藩の優秀な若者たちを8人ほどを引き連れて江戸に戻ってきました。彼らはのちに慶應義塾の中核を担ってくれることになる。

またこの頃から、ハイパーインフレが起こり、貨幣の価値が年々急落していった。

(※ここから貨幣価値が1両＝4万円から1両＝1万円に変わります)

同じ年の10月、俺は正式に幕臣になった。

外国奉行支配調役次席翻訳御用という大層な肩書だ。いわゆる旗本待遇で、中津藩の下級武士からの大出世だが、俺は別に嬉しくもなんともない。

この頃は、ひたすら身を慎んでいたよ。

そのうちに、自分が刀を持っていることが馬鹿々々しく思えてきたんだ。

そもそも俺は大柄でホラ吹きで、まわりからは豪快な男だと思われていたかもしれないけど、実は大がつくほどの小心者で、血を見るのが大嫌い。ちょっとした怪我でも血を見ると顔が真っ青になってしまうくらいだったんだ。

この頃は物騒な世の中だったから、剣術が流行っていた。俺も居合抜きの腕は相当あった。でも血を見るのが大嫌いな俺はどんなことがあっても刀は使わない。だとしたら持っている意味はない。じゃあ売ってしまおうというわけさ。一応、形だけ差す2本を残して、ほか10本くらいをすべて売っぱらってしまった。これが70両(70万円)くらいになったね。

中津藩の奥平屋敷に行ったときなんか、藩士たちに白い目で見られる。丸腰で来るとは殿様に不敬だ、と非難もされた。でも俺はここでも信念を曲げない。廃刀と決めたら廃刀する。世の中がそれをよしとしなくても。だって、世は文明開国なんだよ。そんな時代に差しかかっているのに刀なんて似合わない。不必要だ。とっとと売って金に換えたほうが賢明だろう。ここでも俺は人と逆張りをしたんだ。

俺は口が悪いから「長い刀を差している奴ほど大馬鹿だから武家の刀は『馬鹿メートル』だ」ってまわりに放言していたねぇ。

当然、一部の人たちからは嫌われることになるがね。

『西洋事情』が大ベストセラーに!

そして慶應2年（1866年）12月、俺は満を記して『西洋事情』を刊行した。

欧米諸国の政治、税制度、経済、軍事、外交、教育、学校、病院、博物館、蒸気機関、新聞、ガス灯などさまざまな分野を紹介した本だ。

まだまだ攘夷の嵐が納まったわけではないけれど、ちょうど翌年1月から、幕府の使節が軍艦の売買の交渉でアメリカに行くことになっていた。俺は団長である勘定吟味方小野友五郎に懇願して、その通訳として随行させてもらえることになったんだ。

攘夷派がいくら「こんな本を出して福沢けしからん」と憤っても、本人がいなきゃ殺しようがない。そのタイミングを狙ったんだ。

俺が日本にいない間に、この本はすさまじい反響を呼び起こした。正本だけでも15万部を超え、上方で出た偽書を入れると20万部を超えたんじゃないかな。

今でいうと、何百万部のベストセラーだ。明治に入ってからは続編も何度か出た。

当時の有識者は、勤皇佐幕等、主義主張や立場は違ってもほぼ全員が読んだといっていいほどの話題になったんだ。将軍の徳川慶喜から坂本龍馬、西郷隆盛らも愛読してくれていたらしいな。当然、維新前夜の政治情勢にも大きな影響を与えた。

坂本龍馬の『船中八策』、明治新政府の『五箇条の誓文』などは、ことごとく『西洋事情』に影響を受けて書かれた。

自分で言うとまた「ホラ吹く沢」といわれるかもしれないけれど、俺は『西洋事情』が明治維新を実現させたと思っている。

俺は一躍、大ベストセラー作家となり、福沢諭吉は超有名人になった。

金もかなり入ってきた。俺はよく覚えてないけど、ある人の計算によると、1万7500両（1億7500万）ほどだったとか。当時、幕府の重役である老中の給与は1万両（1億円）だったから、どれだけ儲けたかわかるよね。この時に得た収入が俺の経済活動を強く支えてくれたんだ。そしてのちに慶應義塾設立の基盤になったんだよ。

慶應義塾誕生

福沢諭吉といえば慶應義塾の創始者として有名だから、この話題を飛ばすわけにはいかないだろう。江戸中津藩邸内からスタートした福沢塾は、鉄砲洲と芝新銭座と場所を行ったり来たりしながら細々と続いていた。

幕末も押し詰まった慶應４年（１８６８年）４月、前年に購入した芝・新銭座の越前丸岡藩有馬家中屋敷の土地４００坪に約１５０坪の塾舎を建てて完成することができた。それを機に、福沢の私塾ではなく、洋学を志す同志が集まって経営する近代的な教育機関を目指そうと考えた。そして創立の年号をとって、慶應義塾と名づけたわけだ。

これがみなさんの時代にも続いている「慶應義塾大学」の始まりである。「義塾」という言葉は、イギリスの私立学校であるパブリックスクールをイメージしたものだ。

当初は、流石に年号というのはそのまますぎるので、後できちんとつけかえようと思った「仮」の名前だったんだけど、結局そのままになった。この年の9月には年号が明治になったから、もう数カ月完成が遅れていたら、「明治義塾」になっていたかもしれないな。

ちなみにこうやって土地を買って校舎を建てて慶應義塾を開設した時期は、まさに時代の大転換期と重なる。

土地を購入した時期は、徳川15代将軍慶喜が大政奉還をして政権を朝廷に返した頃だし、校舎を建築し慶應義塾を開校した時期は幕府と新政府軍との間に起こった戊辰戦争の真っ最中だ。

俺は一応幕臣だったけど、もう幕府は潰れるしかないと思っていた。かといって乱暴者が集まる薩摩・長州などの新政府軍に味方しようとも思わない。いわゆる高みの見物というやつさ。どちらにしても、こんな時期に江戸で土地を買って、家を建てようなんてヤツは福沢諭吉くらいだった。みんな江戸は焼け野原になるとパニックになって、荷物をまとめて逃げ出す奴も大勢いた。わざわざ「時期をずらしたほうがいい」と説得にきた友人もいたよ。

「じゃあ去年普請したということにしよう。それなら焼けても壊されても後悔しないさ」と返したら、呆れていたけどね。

とはいえ、実は俺なりにちゃんとした計算もあった。そう人生大逆転にかかせない逆張りの発想さ。この時期にわざわざ新しく家を建てる人なんていないから、かなり安く校舎を建築できるとにらんだんだ。実際、仕事がまったくなかった大工や佐官たちが喜んでねぇ。通常よりもかなり安い値段にしてくれた。すべて込みで、400両（400万円）で済んだ。

しかし逆に相手の弱みにつけ込むことはしない。有馬家の土地は約束していた通り355両（355万円）で買った。実はこの日、近くの三田にあった薩摩藩邸が焼き払われた当日だった。それにつけ込んで値切れば100両くらいになったかもしれない。でも、俺にとっては「金銭の損得に心動かすのは卑劣」だと考えて約束を守ったのさ。有馬家は泣いて喜んでくれたらしい。

4月11日、江戸は無血開城された。江戸の街は戦火にさらされることはなく、俺は賭けに勝ったことになった。

そして、明治4年（1871年）3月、三田に移転するまで慶應義塾はここ芝・新銭座にあった。現在の浜松町駅の近くで、三田に移転してからは攻玉社の塾長・近藤真琴に譲った。その後、神明小学校を経て、現在は「港区立エコプラザ」になっている。

エコプラザの東玄関前に「福沢・近藤両翁学塾跡」の碑が建っているから、見に行くように。

慶應義塾ある限り、日本は世界中の文明国

江戸城は無血開城されたけど、その後もまだ火種は残っていて、5月には、江戸城の開城を不満とする一部の旧幕臣（彰義隊）が上野の山に立てこもり、新政府軍が攻撃を開始するという戦闘がおきた。

砲声の音が江戸中に響きわたり、街はもう大騒ぎだ。芝居小屋も寄席も料理屋もすべて閉店していた。

しかしそんな中、俺は、いつも通り毎週土曜日に開講して、ウェーランド著の経済書を平然と講義したよ。本当は怖がりだから内心はびびってたけど、それを見せたら塾生たちに示しがつかない。

「上野から新銭座まで2里（8キロ）も離れていて、鉄砲の流れ弾が飛んでくることはないから大丈夫」とやせ我慢して講義をしていたよ。

こんなときだから、あわてず自分がやるべきことを淡々とやる。その後、戦争はどんどん拡大していった。そんな頃、マイペースに学問をしている塾はうちくらいだ。

俺はそれを誇っていた。「どんな騒動があっても、洋学の命脈は絶やさない。慶應義塾は一日も休校しない。慶應義塾がある限り日本は世界の文明国だ。だから世間に頓着するなかれ」ってね。

ちなみに慶應義塾大学では、今でも上野戦争中に講義した5月15日を「福沢先生ウェーランド経済書講述記念日」として、記念講演会を毎年開催しているらしいから、機会があったら聞きに行くように。

慶應義塾では、今までの私塾の常識を打ち破る改革をした。

まず西洋の学習方式を取り入れ、アメリカで大量購入した英書の教科書を使用した。そして日本で初めて授業料徴収制を取り入れたんだ。この時には塾をカンパニー（学問商社）としていこうと考えていたんだよ。

それまで日本の学校には授業料という概念がなく、「束脩《そくしゅう》」という風習だった。これはね、学生側にはいいのだけど、教授する側から見るといただけない。

やっぱりね、他の仕事のように、ちゃんとした金という対価がないとダメだ。教える側はもちろん人間の仕事だ。人間が人間の仕事をするのだから金を取ってもいいよね？　むしろ取るべきだ。報酬がきっちりあれば教授側だってモチベーションを維持できるはずだ。慈善事業じゃないんだから。

そういう結論に至った俺は、慶應義塾では入学金3両（3万円）と、一人につき毎月金二分（5000円）、お盆と暮れには2両2分（2万5千円）を徴収するという、「授業料制」を採用した。

ところが、これが世間から大顰蹙を買った。

「福沢は金儲けをしている」ってね。非難ごうごうだよ。でも教師にも当然生活がある。俺は自分のやっていることにやましい気持ちなんて微塵もなかった。だから「束脩」の風習をやめて世間がどう言おうと、堂々と金を取ったよ。で、その金を教師たちに分配する。余った金は塾の公費にする。そんな感じで運用していくことにしたんだ。俺は一銭もかすめとらないよ。塾を建てたのだってもちろん私費だ。

金なんてただ稼ぐだけじゃつまらないよね。役に立つために使わないと。

その頃、多くの教育関係者は、授業料なんて取ったら誰も生徒が来なくなると思っていた。しかし慶應義塾は、授業料を徴収するようになって逆に塾生も増えたんだ。それをみて授業料徴収システムを真似する塾も増え、全国に広まっていった。

みなさんの時代に授業料を取らない大学があるだろうか？

時代の常識から想像できない突飛なアイデアは叩かれやすいものだ。しかし、合理的理由さえあれば必ず道は拓かれる。賛同者も出てくるだろう。

諭吉流　人生大逆転の極意5カ条

『西洋事情』がベストセラーになり、「慶應義塾」を開校したことで、俺の人生大逆転劇は、ほぼ完了したといっても過言じゃない。

もちろん、ここから俺はまだ30年以上も生きるし、さまざまなことに手を出した。業績と呼ばれることも飛躍的に増えていくし、ここからが福沢諭吉の本領発揮ともいえる活躍をするわけだ。

でも逆転してからの自慢話はつまらんだろ？　語りだしたらキリがないしな。知りたい人は、ウィキペディアでも読むように。

ここからは、諭吉流「人生大逆転の極意」を5カ条にまとめてみた。

きみたちの人生大逆転のヒントになればうれしい。

①ピンチでもあきらめず、それをチャンスに変換すべし

人生大逆転の極意の第一は、とにかくあきらめるなということ。あきらめたらそこ

で終わり。逆にいえば、あきらめなければたいていのことはできる。

68年の人生でものすごい数の業績を生み出した福沢諭吉だけど、実は客観的に見たら、あきらめても仕方のない場面は数多くあった。

もし俺が下級武士の生まれだからと人生をあきらめていたらどうだったろう？

長崎から中津に戻されることになったとき、あきらめてそのまま帰っていたら？

兄が死に、家督を継いだからといって中津にとどまっていたら？

今さら英語なんて勉強できないとあきらめていたら？

威臨丸の乗務員なんかなれっこないとあきらめていたら？

攘夷の世の中だからと『西洋事情』の出版をあきらめていたら？

江戸が戦争になりそうだからと慶應義塾の開校をあきらめていたら？

他にもあきらめなかったからこそできたことは山ほどある。

のちにチャンスになることは、たいてい最初、ピンチの顔をして現れる。

長崎から中津に戻されそうになったときもそう。長年必死に取り組んできたオランダ語がまったく通用しないとわかったときもそう。ヨーロッパから帰国したときに攘夷の嵐が吹き荒れていて、見聞してきたことをとても発表できないと思ったときもそうだ。

いつも、一度は絶望しそうになるくらい落ち込んだ。

しかし、時が経てばそれは大きなチャンスに変わった。

中津に戻されそうになったおかげで、大坂の適塾に通えるようになり、一生の師といえる緒方洪庵先生に出会えた。

オランダ語が通用しないとわかったおかげで、いち早く英語の勉強を始めることができた。

『西洋事情』の出版まで4年かかったおかげで、抜群のタイミングで発売し大ベストセラーにすることができた。

戊辰戦争の真っ最中だったからこそ、安く慶應義塾をつくることができた。

いずれも、運がよかったことは認めよう。しかし黙って運に頼っていたわけではない。どうすればピンチをチャンスに変換できるかを真剣に考えたからこそ、運がやってきたんだ。

きみたちも、人生で大きなピンチがやってきたとき、決してあきらめずに、それをどうやったらチャンスに変換できるかを真剣に考えてみるんだ。

ピンチの中に必ず大逆転の種はある。

②ダメだと思ったら素早く撤退せよ

あきらめたらダメと言っておきながら、正反対のようだけど、人生大逆転の極意の第二は「撤退のすゝめ」だ。

覚悟を決めて成そうとしたことでも、明らかに失敗だと感じたらすぐ撤退する。これも大切だ。

俺は簡単にあきらめない一方で、撤退するのも早かった。

長崎から中津に出ようとしたときも、これは無理だなと思ったらすぐにあきらめて大坂で勉強する道を選んだ。

オランダ語もそうだ。横浜でこれは使えないと知ったら俺はすぐに撤退した。それまで勉強にかけた時間を考えたら、多くの人間は撤退を決断できなかった。

特に経済活動は水物だ。崩れかけてゆくものに執着せず潔く手を引けばダメージも最小限で済む。逆に執着しすぎて決断が遅くなったらダメージが大きくなる。

かつて、慶應義塾の分校を京都や大阪に出したことがあるけど、上手くいかずにわずか1年あまりで即撤退したよ。ビジネスではそういう撤退は数多くあった。

俺は臆病だから、借金はしたくない。だからこれはヤバイと思ったらすぐに撤退する。だから商売人には向かないな。

自分の欲を排除して客観的に判断して、一刻も早く決断すること。まだ挽回できるんじゃないかとぐずぐずと様子を見ていたら、ますます動けなくなる。船は沈む一方だ。そんなときはすぐに撤退して次のチャンスに備えよう。

ピンチのときにあきらめないことと素早く撤退することは、決して矛盾することじゃない。

どちらも重要なのはスピードなんだ。

③目先の安定より未来の大きな収入を目指せ

明治維新後、俺が中津に帰郷したときのこと。

中津には優秀な人間がたくさんいるのに、学業半ばで、早く生活の手段を決めようとする人が数多くいるということを聞いた。

日々の生活はもちろん大切だ。しかし、この風潮が行きわたり、全員が生計をのみ目的として働くようになったらどうだろう？　もっと勉強したら、もっと違う道を選んだら、何かの能力を発揮していたはずの青年も、ただ自分や家族の生活ためだけに働くようになってしまう。

それは本人にとっても惜しいことだし、世の中にとってはもっと惜しいことだ。ましてや、そんな生活をしていたら人生大逆転なんて夢のまた夢だ。

西洋のある人が言った。「世の人すべてが自分の生活に満足して、そこに安住するならば、今日の世界は、天地創造のときの世界と異なることがないだろう」と。

まさにその通りだ。みんながただ生計のために働いたら、人類は何の進歩も遂げなかっただろう。その先を目指すからこそ人間なんだ。

学問を志した以上、大いに学問に励むべきだ。農業に就くなら豪農に、商業に入るなら大商人になりたまえ。目先の小さな収入を得ることにこだわらないように。

いやいや、そうは言っても食べていくためには目先のお金が必要だろうと思ったそこのきみ。

「本当にそうだろうか？」と疑ってみるんだ。

目先の小さなお金をもらうことにあくせくするより、先を見据え努力を重ねて後に大きな成功をおさめるほうが、よっぽど多くの得ではなかろうか？

　生活が苦しければ倹約したらいい。


　俺はお金を稼ぐようになってからも、普段はとても倹約家だった。

たとえばこんなことがあった。ある日、鉄砲洲から下谷まで出かけたとき、帰りが遅くなり途中で雨が降ってきたことがあった。困ったなあと思ってふと見ると、近くに辻駕籠がいた。駕籠に乗って帰れば当然雨をしのげるし、楽だ。聞くと鉄砲洲までは三朱（1800円）とのこと。

　そこで考えた。わざわざ三朱を払って駕籠に乗るよりは、少し先の下駄屋で下駄と傘を買えば二朱（1200円）くらいだ。俺には足がある。そこで下駄と傘を購入し、徒歩で自宅まで帰ったんだ。駕籠に乗って帰ったところで、後に何も残りゃしないが、下駄と傘はまた使える。雨の日に役に立つからね。


　そうやって金を使うときは一歩立ち止まって考えてきた。「買わない」「利用しない」ことによるメリットをね。すると合理的判断ができるし、一時の感情で金を無駄にするようなことはないよ。

お金がなければとことん倹約すればいい。

俺はどんなに金持ちになっても、いざ何かあって全部お金がなくなっても、按摩でも小間使いでもして自分を食べさせることくらいはできると思っていた。ボロを着ても粗食でも頓着しない。倹約して、また勉強して、もう一度成功すればいい。

きみたちも、人生を大逆転させたかったら、ぜひ目先の小さな安定や収入に固執しないで、もっと大きな目標のために努力するんだ。

④時流を読んで逆張りすべし

俺が世の中の流れと逆張りすることで人生を切り開いてきたことは、今まで何度も話してきた。

まだまだオランダ語が中心だったときに英語の勉強を始めた。

誰もが乗りたがらなかった咸臨丸に志願して乗った。

攘夷の嵐の中で『西洋事情』を出版した。

戦争が始まり誰もが怖れていたときに慶應義塾を建設した。

そうやって逆張りしたおかげで大逆転のチャンスをつかんできた。

明治になってからも逆張りは続けた。

たとえば「福澤屋諭吉」という「本屋」をつくった。

この頃の「本屋」というのは、今で言う出版社兼印刷会社兼書店みたいなものかな。

出版に関してはとにかく「本屋」に主導権があって、著者の取り分が少なかった。「著作権」「印税」「契約」なんて概念も確立されてなかったしね。普通、著者が「本屋」なんてやらない。だから逆張りでやってみた。しかし、素人だから信用がない。

そこで、俺はまず紙を大量に買いつけることにした。業界ではどんなに多くても一度の紙の買いつけは200両（200万円）だったんだけど、俺はバーンと紙問屋から高級半紙を一括、千両（1000万円）で大量買いつけしたんだ。福沢諭吉、一世一代の逆張りだった。「福澤屋」は莫大な紙の在庫があるから安泰だって、信用を得てね。職人なんかもすぐに集まったよ。

そういや、明治の世が始まって、みんなが新政府に仕官したがったときに、俺は何度要請されてもそれを受けなかったこともあったな。これもある意味、逆張りだな。

これは、あれだけ攘夷攘夷と言っていた新政府の幹部の連中が、ころっと開国に方針を変えるとは思わなかったからだけど。それでも結果としては政治に携わることがなくてよかったよ。

逆張りに必要なのは、やはり時代の状況をきちんと読むこと。

そのためには、広い視野を持つことが重要だ。

俺は子どもの頃、「日本一の金持ちになる」とうそぶいていたが、世の中のことを何ひとつ知っちゃいなかった。中津という小さな街のことしか知らなかった。まさに井の中の蛙だ。

その後、長崎に行き、大坂に行き、江戸に行き、アメリカに行き、ヨーロッパに行き、そのたびに視野が広がっていった。もちろん場所だけが視野を広げるわけではない。書物も視野を広げるための重要な要素だ。


ある考えに触れたら、それが本当か疑ってかかるということが重要だ。

世間でいい大学と呼ばれるところに行くのが本当に正しいか？

みんなが知っている大企業に勤めることが本当に正しいのか？

世の中で常識のように言われていることは本当に正しいのか？

他者の意見に惑わされず、自分の頭で考えることが重要だ。

その点においても、俺の後に1万円札の顔になる渋沢栄一くんなんかは素晴らしいね。

当時、政府の役人として出世することを夢見る奴が多かった中、渋沢くんはそんなものに早々に見切りをつけて、実業の道にすすんで、大成功を収めたんだから。

彼の人生もぜひ参考にすべきじゃないかな。

⑤依存せず独立して生きよ

人生大逆転の極意のラストはやはりこれ「独立自尊」だ。

誰かに頼らず「独立」を保つことこそが、「人生大逆転」の扉をひらくと俺は思う。

独立とは、自分の身を自分で支配することで、他人に依存する心を持たないことだ。

政府でも役所でも会社でも学校でも家族でも、そんなものに頼って生きている限り独立は見込めない。独立の気概がないものは、政府や役所や会社や学校や家族に頼る。

人に頼るものは必ず、その相手を怖れ、へつらうようになる。それに慣れてくると卑屈になり、面の皮ばかり厚くなり、権威をかさに着て、自分より力のないものに尊大な態度をとるようになる。

もちろん、役所や会社や学校に所属していたら「独立」できない、なんて言いたいわけじゃない。いくら勤めていても、所属していても、「独立」の気概を持っているかどうかを問うているのさ。たとえ雇われていようと、いや雇われている側だからこそ、大きな志を持つことが重要だ。

俺も、中津藩士だったし、その後は幕臣だった。でも常に「独立」の気概と「志」は忘れてはいなかった。

では独立のためには何が必要か?

まずはお金だよ。お金がなきゃ、心も体も独立できない。

「金銭は独立の基本なり。これを卑しむべからず」だ。

日本人は金銭を蔑視しがちだ。「お金よりももっと大切なことがある」「金儲けは悪いことである」なんてよく言うよね。

そんなものは嘘だ。まずはお金がなきゃ、独立なんてできない。

いや、今のはちょっと言いすぎた。お金よりも大切なものはある。

それは健康だ。何より健康は重要だ。

でも健康の次に大切なのはお金さ。

金儲けのための金儲けに走らず。道理にかなったやり方で金を儲けたら、税金をいっぱい納めて上で、世の中のためにじゃんじゃん使いましょうや。

社会貢献、文明発展のために大いに金を還元しよう。最低限の財産は貧苦から心身を守ってくれるけど、それ以上はいくら富んでも心に効用はない。

資力に余裕のある人は教育や公共福祉に義捐してもらいたい。後世のための秩序安定になるし、まわりまわってその人も間接的に余沢を受けるだろう。


そういや、野口英世くんのあとに千円札の肖像になる細菌学者の北里柴三郎くんとは縁があってね。北里くんはドイツ・ベルリン大学コッホ教授のもとへ国費留学し、「破傷風菌の純粋培養」「血清療法の考案」「血清療法をジフテリアの予防に応用」など、目覚ましい業績をあげて、第1回のノーベル賞候補にもなったくらいの超逸材だった。

帰国直前、イギリスの名門ケンブリッジ大学から細菌学研究所の所長のポストを破格の待遇で提示された。研究施設も待遇も理想的だ。もちろん名声も手に入る。さらにアメリカからは年俸4万円（4億円）・年間研究費40万円（40億円）とケンブリッジを上回る超VIPなオファーもきた。

しかし北里くんは「俺は国費留学したんだから医学後進国である日本のために尽くす義務がある。感染症に苦しむ日本の人たちを救いたい」と誘いを固辞して帰国したんだ。

そんな国の宝ともいえる北里くんが、帰国して日本に伝染病研究所を作ろうとしたんだけど、遅々として進まなかった。政府も文部省も協力的じゃなかった。なぜか？それは北里くんが知らぬ間に東京帝大医学部を敵にまわしていたからだ。

北里くんの恩師にあたる有名な東大教授が「脚気は病原菌によって起こる」という説を唱えていたのに対し、北里くんはドイツでその説を真っ向から否定していた。後から思えば北里くんの説が正しいんだけど、その教授は弟子に裏切られたと思ったんだね。で、文部省にもその息がかかっていたというわけさ。心が狭いね。

北里くんのような素晴らしい学者を無為にしておくなんて国家の恥だよ。

俺はすぐに動いた。自宅の土地を提供し、資金を集めて、とにかく1カ月で研究所を設立できるようにした。こういうのはスピードが命だからね。

北里くんはこのときの恩をずっと覚えてくれていて、俺の死後、慶應義塾大学に医学部を設置するという話が持ちあがったときにとても尽力してくれて、初代の学部長や病院長に就任してくれた。10年以上も無償で協力してくれたのだから、うれしいじゃないか。

こんなふうに、きみたちの人生大逆転をこの国の社会貢献につなげましょう。

人と同じことをしていてはダメだ。人がまだ目をつけていないものを見つける。人になんと言われようと自分の直感を信じる。ぐちぐち悩まず決めたらすぐ動く。


そして多くの人たちが陥る罠が「お金」だ。金に目がくらんで合理的かつ人道的な判断ができなくなる人のなんと多いことか。せっかくの大逆転がうまい具合にいってもお金の取り扱いを間違えたことで一気に足元をすくわれる人のなんと多いことか。だから俺は自戒も込めて今日は「お金」についても口を酸っぱくして言ってきた。金はきみたちの味方にもなるし敵にもなりうる。ここ、重要だよ。


そろそろ俺の講演も終わりにしよう。

最後になったが、長年「一万円札の顔」を務めてきた俺にとって、「お金とは何か？」と問われたら俺はこう答えるかな。

「金は独立の母だ」と。

お金についてさんざん語ってきたが、一言でまとめるならこれにつきる。金は最も重要なものだ。衣食住を充足させるのは金。家族を養うことができるのも金。金がなくして楽しむことはできない。交際にも金がいる。俺たちは慈善のため、あらゆる目的のために金を必要とする。よって金は独立の母なんだ。

みんな「お金」を味方につけて、人生大逆転してくれたまえ。

はい。金運大吉です。

福沢先生ありがとうございました。

いやあ。素晴らしい。実に素晴らしいです。

さすが、万札の顔だけあって、

野口先生や樋口先生とは

一味も二味も違う講演になっていたのではないでしょうか？

そして講演を聞いたフクザワくんのあきらめモードが、

解除されればいいんですが。

「金は独立の母」
こんにちは
福沢諭吉です
人生を大逆転するには
人と同じことをしていてはダメです
人がまだ見つけていないものを見つける
それが大事
チョコレート
ひき肉入りのギョーザのあん
ギョーザの皮
人になんと言われようと
自分の直感を信じるのです
ジュ〜
間違ったらすぐ撤退
ブー
もぐ
でも
とにかくあきらめないこと
みかん
ひき肉入りのギョーザのあん
ギョーザの皮

エピローグ

俺たちの独立モード

「フクザワさん、大丈夫ですか？」

誰かの声で目が覚めた。

目の前には白衣を着た男性がいた。品質管理課の社員だ。

そう新人のノグチくんだ。

「救急車呼んだほうがいいですか？」

ノグチくんが工場から出てきたら

ドアの横で僕が眠っていたらしい。

「いや、大丈夫だ」

俺はゆっくりと立ち上がった。

「無理しないでくださいね。うちの会社はみんな疲れてますから」

ノグチくんはそれだけ言い残して去っていった。

時計を見る。
俺が事務所を出た時から5分も経っていない。
あれは夢だったのか。
どこから夢だったんだろう？
念のため工場棟へ入るための暗証番号を入れてみる。
覚えている番号で普通に開いた。
ヒグチさんを疑って悪いことをした。

とりあえず事務所に戻ることにした。
頭が混乱していた。
夢にしてはあまりにリアルで長かった。
諭吉先生の話はすべて記憶していた。
コーヒーを飲んで頭を冷やす。
突然思い出した。
そういやあの1万円札は？
手元にない。

ポケットにもない。
そうか、あそこからもう夢だったから当然か。
ふと予感がして、俺はバッグから財布を取り出した。
そこには、あの製造番号のあの新札の1万円札が、
5千円札と千円札と並んで入れられていた。

夢じゃなかった。
確かに俺は諭吉先生の講演を聞いたのだ。
どういう理由かはわからないけど、
諭吉先生は時を超えて、
俺たちに話しに来てくれたのだ。
何のために？

「とにかくあきらめたらダメ」と諭吉先生は言った。
当たり前のことだけど、とても重要なことだと思う。
有名なマンガのセリフにもある。

「あきらめたらそこで試合終了ですよ」だ。
俺はいろいろなことにあきらめすぎてなかったか？
今でも受験で第一志望校に落ちたことを後悔し、
そのせいで人生がうまくいかなかったなんて考えている。
とても恥ずかしいことだ。
第一志望に行けなかったことが恥ずかしいのではなく、
そんなことに今でもこだわっていることが恥ずかしいのだ。
おそらく、もし第一志望に通っていたとしても、
そこがピークで
俺の人生はたかがしれていただろう。

では、今からでも人生をあきらめないために、
今から俺ができることは何だろう？
会社を辞めて独立する。
もちろんその選択肢もある。
しかし俺の頭に浮かんだのは

「会社を辞めずに独立する」という言葉だった。
諭吉先生は「金銭は独立の基本なり。これを卑しむべからず」と言っていた。
俺はこの言葉の意味を考えた。
「独立」とは何も会社を独立することを指すのではないんだ。
会社員でも社内で独立できるはずだ。
ただロボットのように働かされているのではなく、
ちゃんと自分の頭で考えて自分の組織だという意識を持てば
たとえ会社員でも「独立」しているといえるかもしれない。

現在は、明日会社がなくなっても不思議ではない時代だ。
ましてやうちのような中小企業など言うに及ばずだ。
つまり給料という麻薬がいつまでも支給される保証なんてどこにもない。

だとしたら、やるべきことは、
給料という麻薬がなくてもお金を稼ぐ力を持つことだ。
たとえば、このブラックな会社を

ホワイトな会社に変えることができたらどうだろう？
こんなものだからとあきらめてしまうのではなく
自分の力で魅力のある会社に変えるんだ。
もしそれができたら、
俺は世の中で必要とされる人材になれるかもしれない。

どうすればいいだろう？
ノグチくんが言っていた言葉を思い出した。
「うちの会社はみんな疲れてますから」
そうだ、みんな疲れないようにしたらいいんだ。
そのためには、初期設定を変える必要がある。
みんな、会社で長時間労働しないと生活できないと思い込んでいるけど、
本当にそうだろうか？
たとえば会社には週4日だけ来て、
最低限必要となるセーフティネットをつくる。
残り3日間で別の仕事をするのはどうだろう？

当然、副業禁止規定は撤廃する。
副業といってもただ時間を売るような仕事はしない。
自分のやりたいことや、得意なことを生かした
ライフワーク的な仕事をするんだ。
「副業」でなく「複業」だ。
もちろんすぐにお金になるのは難しいかもしれない。
だからこそ、今から準備を始める。
扶養家族がいる人間が難しければ、
まず俺やノグチくんなど独身組から始めたらいい。

諭吉先生が言っていた。
「雇われる側も志を持つこと」
もう一度反芻した。
雇われているようで、
雇われていないような働き方。
みんな「自由」で「独立」した働き方。

これだ。
よし、決めた。
俺はこのブラックな会社を
「日本で一番自由な働き方のできる会社」に変える。
それを「志」に働こう。
当面の目標は、このアイデアを
会社の上層部にプレゼンするということだ。

ただし今の状態で、一主任の俺が話しても、
相手にされないことは目に見えていた。
まず仲間を増やす。
俺の「志」に賛同してくれる仲間を増やすことを意識した。
同じ部門内に限らず、他部門とも積極的に絡むように心がけた。
そして一緒にアイデアを考えるんだ。

まず仲良くなったのはノグチくんだった。

彼が提案している「週休3日制」と、俺の考えている「日本で一番自由な働き方ができる会社」は、表裏一体であることがわかった。

彼が唱える「休養、教養、培養」はとても腑に落ちた。

「きみがこんなにやる気があるなんて最初は気づかなかったよ」と正直に話した。

「週休3日制とか、ただ休みが欲しくて提案したと思っていたしね」

「あー、それ実は最初はそうなんです。ただ休みが欲しくて」

ノグチくんは頭を掻きながらバツが悪そうに言った。

「でも今は違いますよ。本気で目指してますから。週休3日制」

総務の派遣社員ヒグチさんとも仲良くなった。

仕事を舐めていると悪い印象しかなかったが、ノグチくんのプレゼンの練習相手をつとめているという。

最近、ある事件があって、心を入れ換えたとか。

試しに食堂で話しかけたら意気投合した。

俺が話したことに強く共感してくれ、

「つまり、こういうことですよね」

とサラサラとイラストで図解化してくれた。

それがとてもわかりやすい図だったので俺は感動した。

「ヒグチさんにこんな才能があるとは思わなかった」

思わずつぶやいてしまった。

ヒグチさんはうれしそうに微笑んだ。

その笑顔に、俺は勇気をもらった気がした。

人ってきちんと話してみないとわからないものだな。

俺が考える「日本で一番自由な働き方のできる会社」は、
おそらく経営陣から見たら、荒唐無稽に聞こえるはずだ。
でも諭吉先生がやり始めたことも、
最初は往々にして顰蹙を買いブーイングを受けた。

しかしそれがうまく機能すると、
世の中の大半はそちらになびいた。
もちろん1回でうまくいくとは思えない。
何度だってあきらめずに提案する。
なにせ俺は、
この会社でスーパーサラリーマンを目指しているからね。

もちろんやみくもに提案するだけでなく
理論武装も必要だ。
そのために俺はいろいろな本を読んだ。

俺が中学のときにカッケーと思った
諭吉先生の『学問のすゝめ』の最初の言葉。
「天は人の上に人を造らず、人の下に人を造らず」
には、続きがあることを知った。

そうやって生まれつき人間は平等なはずなのに、
仕事や身分に大きな違いが出るのはどうしてだろうか？
同じなのに違うということは、違う部分があるのであり、
その違いこそが「学ぶ」と「学ばない」ことにある。

そんな内容だ。
ただの人間平等をうたったのではなく、
むしろ逆で、学ばない人間はどんどん下にいく、
と訴えていたんだ。

俺は大学に入ったとたん学びをやめてしまった。
そこからが本当の学びの場だったのに。
そのことを今から悔やんでも仕方ない。
今からやればいい。

小さくまとまろうとしないこと。

仕事を通じて社会貢献をしたい。
他人に利益を与えて自分も利益を得たい。
いつか、諭吉先生のような人の役に立つ「仕組み」を作りたい。
そしてお金儲けして、それを世の中に還元し、
お金に愛される人間になりたい。
そうなったとき、もう一度、諭吉先生に会って話がしたい。

これが俺の大志だ。

おわりに

私が金運大吉氏に出逢ったのは3年前のことです。

夜道を歩いていると、前からいきなり大福のような顔をした男が現れました。

「あんた、悩み事があるやろ?」

明らかに怪しい風貌でしたが、実際大きな悩みを抱えていた私は、思わずうなずいてしまいました。そして連れていかれたのが「金運大吉劇場」だったのです。

野口英世先生、樋口一葉先生、福沢諭吉先生、3人の講演は本当に衝撃でした。毎日のように彼らの肖像は見ているはずだったのに、その人生を知らなかった。もったいない。そして思ったのです。あの講演をもっと多くの人に知ってもらいたい。彼らのエネルギーはきっと多くの人たちを勇気づけるはずだ。そのためには、あの講演は絶対に文字にして残すべきだと。

そう考えた私は、さっそく金運大吉氏から許可をいただき、『星ヶ岡のチンパンジー』(『あなたの「弱み」を売りなさい。』に収録)でご一緒したライターのぎんなんさんに手伝ってもらって、講演の記憶をたどって口述し文書化することになりました。

これがなかなか時間と根気がいる作業で、気がつくと時代は平成から令和に移ろうとしていました。2024年から新紙幣が発行され、お札の肖像が変わるというニュースが流れました。グズグズしている場合じゃありません。急ピッチで原稿を仕上げました。

どこの出版社に持っていこうと思案していたちょうどその頃、ディスカヴァー・トゥエンティワンさんが始めた「ディスカヴァー編集教室」でキャッチコピーの講師として呼んでいただく機会がありました。このタイミングはきっと何かの縁に違いない！私は、同社編集部の千葉さんに「金運大吉劇場」の企画をプレゼンすることにしました。3人の先生方の熱が乗り移ったのか、企画は見事に通ったのです。

さらに、編集教室の生徒の有志が、客員編集員として参加してくれることになり、貴重な意見をいただきました。タイトルの「お札の中の人」という表現も、各章の冒頭に「マンガ」を入れるというのも、客員編集員の方々からのアイデアです。他にもいろいろな方々の力で、こうして素敵な本ができあがりました。本当にありがとうございます！　金運大吉氏もとても喜んでいました。

私はというと、金運大吉氏に出逢ったことで悩みは軽減し、金運も上昇中です。お札の中の人の人生をよく知り、毎日お札を眺めるようになったからでしょうか？

最後に、この本にかかわってくれた皆さま、本を買ってくださった皆さまの金運が大吉になることをご祈念して、筆をおきたいと思います。

令和元年6月大吉日

川上徹也

追伸　金運大吉氏は他にもさまざまな企画を考えているようです。興味のある方は繋ぎますので、川上までご連絡ください。

「金運大吉劇場」スタッフリスト

支配人
金運大吉

企画・製作
川上徹也

ライター
ぎんなん

ブックデザイン
chichols

漫画イラスト
中川学

客員編集員
いたみありさ
一ノ瀬修
大嶋寧子
尾鷲一彦
栗原甚
高山由香
二宮朋子
肱岡優美子
山本“KUMA”大介

参考図書一覧

【第1幕】

『野口英世』編：奥村鶴吉　岩波書店
『野口英世』中山茂　朝日新聞社
『野口英世　物語と史蹟をたずねて』土橋治重　成美堂出版
『野口英世伝』著：ガスタフ・エクスタイン　訳：内田清之助　東京創元社
『正伝　野口英世』北篤　毎日新聞社
『野口英世波乱の生涯』星亮一　三修社
『野口英世の生きかた』星亮一　筑摩書房
『遠き落日』渡辺淳一　角川書店
『人間・野口英世』秋元寿恵夫　偕成社
『野口英世の妻』飯沼信子　新人物往来社
『フィラデルフィアの野口英世』淺倉稔生　三修社
『野口英世知られざる軌跡　メリー・ロレッタ・ダージズとの出会い』山本厚子　山手書房新社
『野口英世は眠らない』山本厚子　発行：綜合社　発売：集英社
『別冊　今ふたたび野口英世』編：『今ふたたび野口英世』編集委員会
『幻の妻メリー・D・ノグチ』山本厚子
『今ふたたび野口英世』編：『今ふたたび野口英世』編集委員会　愛文林書
『野口英世書簡集Ⅰ～Ⅳ』編：財団法人野口英世記念会
『血脇イズムへの誘い』東京歯科大学同窓会

【第2幕】

『一葉樋口夏子の肖像』杉山武子　績文堂出版

『一葉伝　樋口夏子の生涯』澤田章子　新日本出版社
『樋口一葉と十三人の男たち』監修：木谷喜美枝　青春出版社
『一葉の四季』森まゆみ　岩波書店
『一葉語録』編：佐伯順子　岩波書店
『私語り樋口一葉』西川祐子　岩波書店
『完全現代語訳　樋口一葉日記』高橋和彦　アドレエー
『樋口一葉日記・書簡集』編：関礼子　筑摩書房

【第3幕】
『新訂　福翁自伝』著：福沢諭吉　校訂：富田正文　岩波書店
『知られざる福沢諭吉　下級武士から成り上がった男』礫川全次　平凡社
『福沢諭吉『文明開化は銭にあり』―経営者・経済人としての諭吉の生涯』丸山信　ＰＨＰ研究所
『福沢諭吉の発想と戦略　現代ビジネスの原点』宮崎正弘　広済堂出版
『起業家福沢諭吉の生涯　学で富み富て学び』玉置紀夫　有斐閣
『福沢諭吉 国を支えて国を頼らず』北康利　講談社
『座右の諭吉　才能より決断』齋藤孝　光文社
『現代語訳　学問のすすめ』著：福澤諭吉　訳：齋藤孝　筑摩書房
『福沢諭吉の名文句』田原総一朗　光文社
『福沢諭吉　快男子の生涯』川村真二　日本経済新聞社

※本書は史実を元にしたフィクションです。
史実よりもわかりやすさやおもしろさを重視している部分も多々あります。
※本書には、現代では不適切とされる表現が使用されている箇所がありますが、当時の時代背景を鑑みて掲載しております。

人生大逆転のヒントは
「お札の中の人」に訊け

発行日　2019年7月15日　第1刷

Author　金運大吉＋川上徹也

Illustrator　中川学
Book Designer　chichols

Publication　株式会社ディスカヴァー・トゥエンティワン
〒102-0093 東京都千代田区平河町2-16-1 平河町森タワー 11F
TEL 03-3237-8321（代表） FAX 03-3237-8323
http://www.d21.co.jp

Publisher　干場弓子
Editor　千葉正幸　安永姫菜

Marketing Group
Staff　清水達也　飯田智樹　佐藤昌幸　谷口奈緒美　蛯原昇　安永智洋　古矢薫
鍋田匠伴　佐竹祐哉　梅本翔太　榊原僚　廣内悠理　橋本莉奈　川島理　庄司知世
小木曽礼丈　越野志絵良　佐々木玲奈　高橋雛乃　佐藤淳基　志摩晃司
井上竜之介　小山怜那　斎藤悠人　三角真穂　宮田有利子

Productive Group
Staff　藤田浩芳　原典宏　林秀樹　三谷祐一　大山聡子　大竹朝子
堀部直人　林拓馬　松石悠　木下智尋　渡辺基志　谷中卓

Digital Group
Staff　伊東佑真　岡本典子　三輪真也　西川なつか　高良彰子　牧野類
倉田華　伊藤光太郎　阿奈美佳　早水真吾　榎本貴子　中澤泰宏

Global & Public Relations Group
Staff　郭迪　田中亜紀　杉田彰子　奥田千晶　連苑如　施華琴

Operations & Management & Accounting Group
Staff　小関勝則　松原史与志　山中麻吏　小田孝文　福永友紀　井筒浩
小田木もも　池田望　福田章平　石光まゆ子

Assistant Staff
俵敬子　町田加奈子　丸山香織　井澤徳子　藤井多穂子　藤井かおり　葛目美枝子
伊藤香　鈴木洋子　石橋佐知子　伊藤由美　畑野衣見　宮崎陽子　並木楓　倉次みのり

Proofreader　株式会社鷗来堂
DTP　株式会社RUHIA
Printing　中央精版印刷株式会社

本書へのご意見ご感想は下記からご送信いただけます。
http://www.d21.co.jp/inquiry

ISBN978-4-7993-2476-9